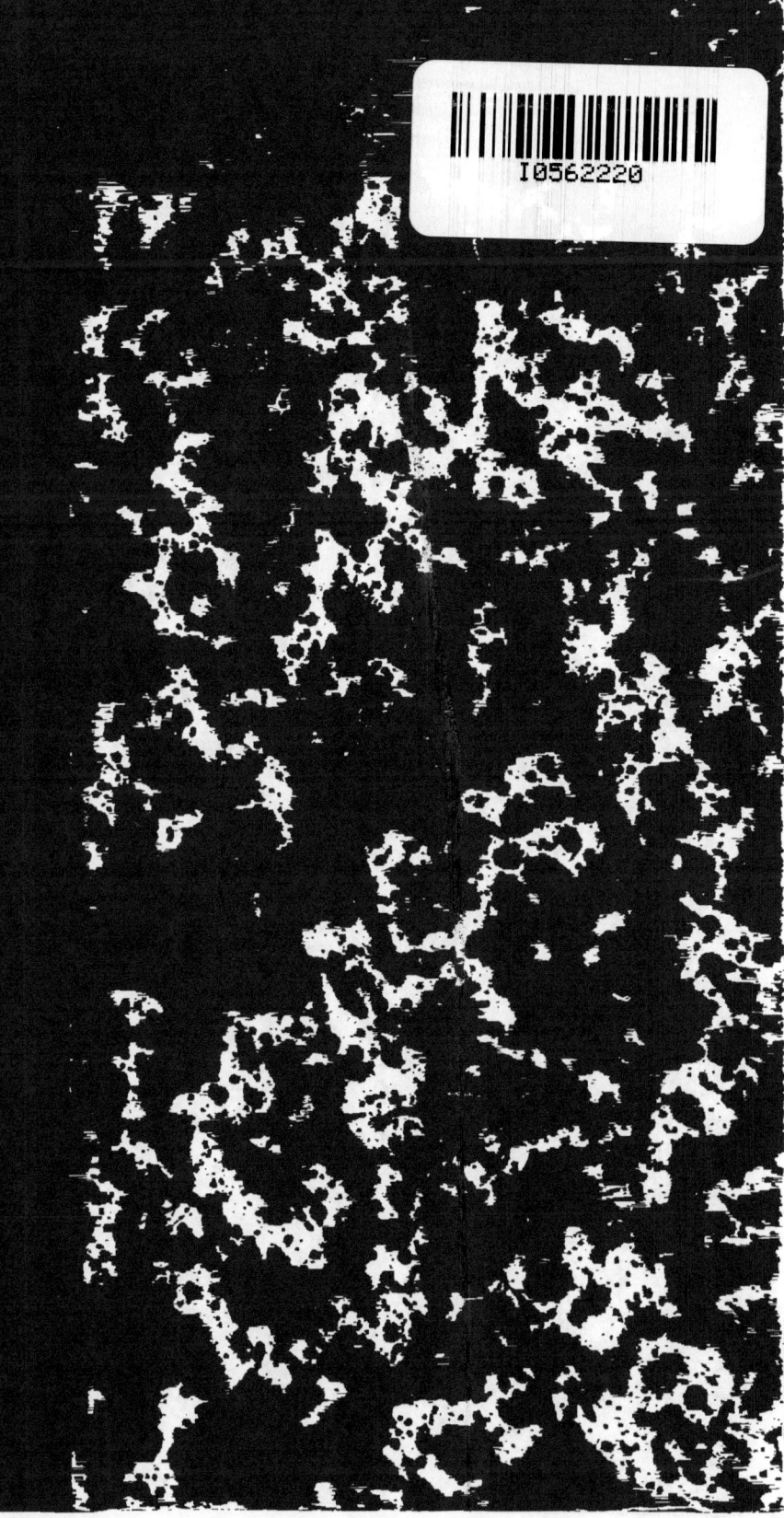

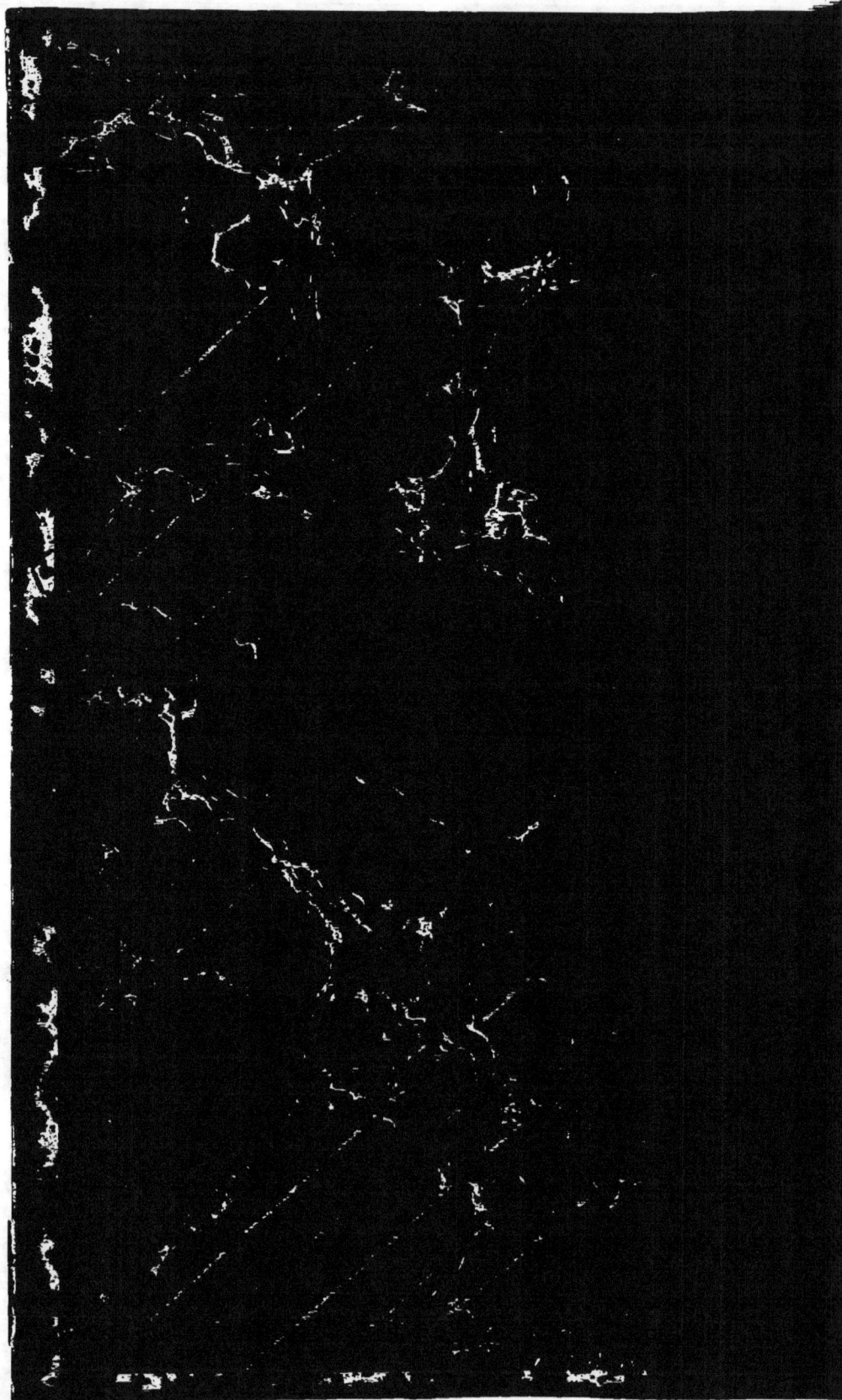

LE PALAIS

DES

TUILERIES EN 1848

PARIS. — E. DE SOYE, IMPRIMEUR, PLACE DU PANTHÉON, 2.

LE PALAIS

DES

TUILERIES

EN 1848

ÉPISODE DE LA RÉVOLUTION DE FÉVRIER

PAR M. L'ABBÉ A. DENYS

CURÉ DE SAINT-ÉLOI

chanoine honoraire de Montpellier, membre de l'Institut historique,
de la Société des gens de lettres,
de la Société d'émulation de Cambrai, etc.

PARIS

JOSEPH ALBANEL, LIBRAIRE

15, RUE DE TOURNON, 15

——

1869

AVERTISSEMENT

La révolution de février 1848, qui avait
d'abord commencé par une émeute, comme il
y en avait eu un si grand nombre sous le règne
de Louis-Philippe, prit tout à coup des pro-
portions effrayantes. Le mouvement populaire, entraîné par une opposition irrésistible,
souleva le sol de la capitale jusque dans ses
plus grandes profondeurs. De sanglants combats furent partout livrés entre le peuple

et les soldats du gouvernement, pendant trois jours. Il y eut un nombre considérable de morts et de blessés. Mais enfin le feu cessa, la lutte finit et le calme se rétablit.

Au moment où, les combats terminés, un gouvernement provisoire constitué, la république proclamée, il fallut songer aux nombreuses victimes de ce déplorable conflit, les blessés des deux camps, qui avaient été conduits dans les différents hôpitaux, dans les ambulances improvisées ou dans les maisons particulières, furent transportés au palais des Tuileries, qu'on transforma en Hôtel des invalides civils.

Appelé par la divine providence à leur donner les secours de la religion dans la splendide demeure des anciens chefs de l'État, où on les avait confiés aux soins d'habiles chi-

rurgiens et de bonnes sœurs gardes-malades
de Bon-Secours, nous avons été chargé de
remplir auprès d'eux les fonctions saintes
d'aumônier, jusqu'au jour où le dernier de
ces blessés sortit de l'Hôtel des invalides civils, le 15 août 1848.

Pendant les six mois de séjour des enfants
du peuple dans le palais des souverains, nous
les avons visités à peu près chaque jour :
aussi avons-nous pu connaître tout ce qui s'y
passait. Mais ce qui nous a surtout intéressé,
c'est qu'il nous a été aussi facile que possible
d'étudier les mœurs de ces hommes généralement francs et loyaux; d'apprécier leurs
sentiments, de juger leurs tendances, de comprendre jusqu'où ils pouvaient porter leurs
exigences et leurs prétentions, de nous rendre compte aussi du parti qu'on pourrait en

tirer, si on savait bien les diriger. Là, nous
nous sommes confirmé dans nos convictions,
depuis longtemps motivées, que si le peuple
travailleur ne se trouvait jamais sans ou-
vrage ou n'était pas, presque toujours, sans
s'en douter, exploité par des meneurs qui le
trompent et l'abusent, rien ne serait plus
facile que de lui faire entendre raison, de le
gouverner et de maintenir la paix dans la
famille, par conséquent dans la société, et de
faire de la France le pays le plus florissant
du monde.

Depuis cette époque, nos amis, auxquels
nous avions souvent parlé de notre mission
pendant ces jours de douloureux souvenirs,
et de nos appréciations émues, ne cessaient
de nous engager à publier ce dont nous avions
été témoin, et à faire connaître au public

des faits qui ne leur paraissaient manquer ni
d'un intérêt réel ni d'un véritable enseignement philosophique, gouvernemental, politique et social.

Quant aux faits généraux de la révolution
qui ne nous concernent pas particulièrement,
sa cause, son origine, sa marche, son développement et sa consommation, nous les
avons pris dans les différents journaux du
temps et dans l'histoire de M. de Lamartine.
Nous regrettons que la nature de notre travail ne nous ait pas permis de nous étendre
davantage et d'entrer dans d'intéressants détails.

Dans le sentiment de notre insuffisance
pour une tâche de cette nature, jusqu'ici
nous avions résisté à toutes les instances qui
nous étaient faites.

Mais enfin, sur les observations qui nous
furent si souvent réitérées qu'il ne nous était
pas permis de conserver pour nous seul nos
souvenirs d'une époque si importante, dont
tous les événements publics appartiennent
à l'histoire, nous nous sommes décidé à ré-
diger les notes que nous avions prises.

C'est la rédaction de ces notes, si impar-
faite qu'elle soit, que nous leur livrons comme
une page de l'histoire contemporaine de faits
auxquels nous nous sommes trouvé mêlé, et
qu'ainsi nous avons pu juger en connaissance
de cause. Nous n'avons nullement la prétention de faire un livre ni de conquérir un titre
d'historien, mais seulement de raconter ce
que nous savons et de fournir quelques do-
cuments aux historiens futurs.

Puis si, dans leur bienveillance extrême,

ces amis, auxquels nous nous confions en toute simplicité, jugent à propos de ne pas les garder pour eux seuls, ces notes qui ne sont pas même des mémoires, nous les recommandons à l'indulgence de ceux qui pourraient les lire.

Avant de commencer le récit des faits que nous avons à raconter, nous les avons fait précéder de quelques courtes réflexions, résultat de nos méditations sur les graves événements de cette époque et sur les causes qui les ont préparées.

L'ABBÉ A. DENYS,

ancien aumônier des Invalides civils.

Paris, 1869.
Presbytère de Saint-Éloi.

LE

PALAIS DES TUILERIES

EN 1848

ÉPISODE DE LA RÉVOLUTION DE FÉVRIER

I

Situation de l'esprit public en 1848. — Demandes incessantes de réformes.

Avant de raconter les faits spéciaux de la révolution de 1848 dont nous avons été témoin et auxquels nous avons personnellement participé, afin de les faire mieux comprendre et bien juger, nous avons cru devoir les faire précéder d'une appréciation préliminaire de l'esprit public à cette époque, et d'un récit abrégé des premiers événements

1

de cette révolution qui se fit si subitement. Quoique depuis longtemps prévue, en effet, cette grande agitation politique et sociale s'accomplit cependant au moment où l'on y pensait le moins. Elle commença d'abord par une émeute qui ne paraissait offrir rien d'inquiétant, mais qui bientôt se développa avec une effrayante rapidité et finit par aboutir, en peu de jours, à un dénoûment radical.

Il y avait près de dix-huit ans que, à la suite du renversement du trône de Charles X, chef de la branche aînée de la maison de Bourbon, en 1830, le duc d'Orléans, chef de la branche cadette, avait été proclamé, par une fraction de la chambre des députés, *roi des Français,* sous le nom de *Louis-Philippe.*

Le règne de ce prince, commencé en 1830, avait été, jusqu'en 1848, rempli de troubles et d'agitations ; on lui adressait une infinité de reproches, on signalait des abus de toutes sortes, plus ou moins vrais, mais assurément exagérés ou mal fondés. Entre autres motifs de mécontentement et d'irritation, on disait que le népotisme, l'intérêt privé, le favoritisme, exerçaient une grande pression sur ceux que Louis-Philippe avait appelés au pouvoir, et qui, en général, pensaient plus à leurs avantages

personnels qu'à ceux de l'État. On criait contre
l'oligarchie des gens en place, contre les privilé-
giés, contre les préférences, contre l'arbitraire des
nominations, contre le cumul et surtout contre la
corruption. On blâmait aussi vivement la direction
que le gouvernement imprimait aux affaires, tant
à l'extérieur qu'à l'intérieur, et les limites étroites
dans lesquelles il renfermait la liberté.

Depuis longtemps on ne cessait de demander des
réformes ou la répression de ces différents abus.
Des avertissements étaient donnés avec persévérance au chef de l'État et à ses conseillers. Mais ils
ne comprenaient pas, et, malgré l'opinion publique
la plus prononcée, ils persistèrent à continuer leur
système de gouvernement, sans vouloir en rien
faire droit aux réclamations, si légitimes qu'elles
fussent.

La presse de toutes les opinions, chacune à son
point de vue, répétait chaque jour, soir et matin,
qu'on marchait à des abîmes à travers les écueils
les plus dangereux.

Les choses avaient pris un tel caractère de gravité que tous les bons esprits en étaient effrayés et
que l'on ne pouvait comprendre comment le roi des
Français et ses ministres persistaient dans leur in-

dicible obstination. Cependant ils avaient l'expérience de tout ce qui, depuis près d'un siècle, s'était passé en France. Ils connaissaient toutes les perturbations qui s'étaient succédé si rapidement sous les différents régimes qui l'avaient gouvernée.

Ils ne devaient surtout pas avoir oublié 1830.

Ils savaient combien, une fois poussé à bout, le peuple se soulève facilement, et comment, sa colère surexcitée, il est prompt à prendre les armes et docile à se laisser guider par ceux qui se mettent à sa tête. Des tribuns ne manquent jamais pour l'entraîner et le pousser en avant. Or, une fois qu'il s'est mis en mouvement, ce peuple si ardent, si passionné, rien n'est plus difficile que de lui faire entendre raison, de l'apaiser et de l'amener à déposer les armes avant qu'il n'ait obtenu ce qu'il demandait.

II

Pourquoi la France, quand elle demande des réformes d'abus, ne s'adresse-t-elle à son gouvernement que le fer à la main ?

Pourquoi donc, quand il ne s'agit que de réprimer des abus ou d'opérer des réformes, la France ne s'adresse-t-elle à son gouvernement que le fer à la main ?

La réponse à faire est bien simple.

C'est que, 1° depuis 1793, la plupart des chefs des gouvernements de la France n'ont mis en avant que la force matérielle, et qu'ils ont laissé détruire au milieu des masses populaires les doctrines et les croyances qui seules peuvent les éclairer et les guider. De nos jours même, par ce qui se passe sous nos yeux, dans ces réunions tumultueuses où le langage le plus subversif de tout ordre social se fait entendre avec une extrême violence et qu'on accueille avec des applaudissements frénétiques, nous n'en voyons que trop les conséquences.

C'est que 2° un nombre considérable de ces

chefs, depuis l'époque fatale que nous venons d'indiquer, n'ont presque jamais invoqué à l'appui de leurs actes que le *principe anticonstitutionnel de l'absolutisme gouvernemental,* sous lequel, sous prétexte de légalité, ils ne faisaient que cacher leur despotisme.

Comme ils n'étaient pas des personnages assez importants pour s'appliquer la fameuse parole de Louis XIV, *l'État, c'est moi,* afin d'arriver aux mêmes résultats, ils ont dit : *Nous sommes conservateurs, nous devons résister, c'est notre devoir.* Mais pour *résister,* sans se briser, il ne suffit pas d'avoir la force matérielle, il faut surtout avoir la force morale.

Prétendre s'appuyer sur l'intérêt privé ou sur le bien-être matériel pour vivre serait une erreur qui ne pourrait pas plus servir que la force matérielle pour maintenir l'ordre et la tranquillité.

La chute de Louis-Philippe nous paraît une preuve évidente de ces vérités. Elle nous offre en même temps un exemple frappant des dangers auxquels peuvent s'exposer certains gouvernements et des périls auxquels ils peuvent entraîner un pays quand ils les méconnaissent ces vérités imprescriptibles ou quand ils n'y attachent pas assez

d'importance ni d'attention. C'est là un fait reconnu de tous les hommes de bon sens.

Nous ajouterons que l'imprudence des ministres,
de ces chefs cramponnés au pouvoir, était d'autant
plus grande et leur aveuglement d'autant plus in-
compréhensible qu'ils ne pouvaient méconnaître
que, pour les autres pays, chaque mouvement de la
France, qui exerce une si puissante influence sur le
monde entier, les agite et les émeut. Jamais cette
grande nation ne s'est soulevée sans remuer l'Europe et l'univers. Alors même qu'elle ne cherche
qu'à réformer des abus chez elle, qu'à étouffer des
usurpations ou à abolir d'odieux priviléges, partout
elle éveille aussitôt des craintes, de la défiance, des
inquiétudes, de l'agitation, des troubles, à bien
plus forte raison quand on ne peut douter qu'elle
ne se soulève et ne prenne les armes que pour
renverser son gouvernement. Exposer la France à
une révolution, c'est donc troubler le repos du
monde, la paix des nations, et y faire éclater les
milliers de cratères d'une conflagration générale
qui doit les embraser.

Après ces courtes observations préliminaires
que nous avons crues nécessaires pour la meilleure
intelligence des événements et des faits, nous

arrivons au récit de ces faits et de ces événements.

Lorsque l'année 1848 s'ouvrit, les cris *La réforme! la répression des abus!* se firent entendre
avec une nouvelle violence. Les accusations contre
le gouvernement devenaient de plus en plus pas-
sionnées, les attaques plus fougueuses, soit à la
tribune, soit dans la presse. Il régnait partout un
mécontentement et une irritation dont la moindre
occasion pouvait provoquer une terrible explosion.

C'est effectivement ce que nous allons voir
promptement arriver dès le second mois de cette
année 1848, commencée sous les plus effrayants
auspices.

Malgré les avertissements réitérés qu'on lui don-
naitde toutes parts, ainsi que nous venons de le dire,
le gouvernement ne voulait ou ne pouvait rien faire.
Le mal augmentait d'heure en heure. Chaque jour
on voyait qu'une catastrophe inévitable approchait,
qu'elle était à la porte. Mais les hommes de la révolution de juillet avaient confiance dans l'issue de
la lutte qui se préparait : cette confiance n'était pas
sans fondement. Depuis dix-sept ans ils avaient
toujours battu l'émeute, en juin, en avril, en mai,
à Paris, à Lyon et en Vendée. Tout était prévu,
disait-on en haut lieu ; on allait même jusqu'à dire

qu'on avait invité d'illustres seigneurs au spectacle d'une émeute parisienne, et que sur le plan stratégique de Paris, marqué à l'encre rouge, on avait calculé, comme sur un échiquier, les marches et les contre-marches de la troupe pour repousser l'insurrection, si elle osait lever la tête. Soixante mille hommes étaient casernés dans Paris et autour de Paris. Une garnison formidable occupait Vincennes.

L'état officiel de la force armée, sous la main du ministère de la guerre, tant à Paris que dans le voisinage, était disposé de manière qu'au premier signal l'insurrection devait être cernée, prise, étouffée dans un réseau de baïonnettes.

Ce qui confirmait le gouvernement dans sa sécurité, c'est qu'au milieu de toutes ces inquiétudes, de toutes ces souffrances, de toute cette incandescente effervescence, le peuple paraissait calme. On voyait que, malgré les clameurs de la tribune et les attaques continuelles de l'opposition, malgré les avances qu'on lui faisait pour le séduire ou le soulever, malgré son état de gêne, le peuple ne se lassait pas de montrer une inébranlable patience et une résignation héroïque. Cette patience et cette résignation trompèrent le gouvernement de Louis-Philippe. Mais la patience du peuple ne saurait

1.

avoir qu'une durée, surtout quand il a faim.

Une circonstance assez peu importante en elle-même, tout à fait imprévue, suscita subitement un conflit entre les députés de l'opposition et le gouvernement.

III

Banquet de la réforme du 21 février 1848.

Un grand banquet organisé par lesdits députés de l'opposition, au nom de la réforme, avait été fixé au 20 février. Le gouvernement, qui dans ce banquet voyait une manifestation hostile, voulut l'empêcher. Il y eut même, à cette occasion, une sérieuse discussion de principes entre le ministère et les députés. Le ministère déclara, à la suite de cette discussion qui n'éclaircit en rien la question, qu'il interdirait la réunion. Les députés persistent dans leur décision, ils se réuniront malgré la défense. Le banquet devient ainsi un acte de rébellion.

Après y avoir mûrement réfléchi néanmoins, la majorité des députés de l'opposition, entraînée par MM. Odilon Barrot et Thiers, arrête de s'abstenir devant l'intimidation.

« Mais un groupe de dix - huit députés, dit un « journal du temps, se refusa énergiquement à

« cette défection et se réunit chez M. de Lamartine
« pour aller, selon son expression, la poitrine au
« vent, malgré les baïonnettes, maintenir les droits
« du pays.

« Pendant qu'ils délibèrent, le préfet de police
« fait afficher, à tous les coins des rues, la loi
« contre les attroupements. Sa proclamation est
« déchirée en beaucoup d'endroits. Une sourde
« inquiétude s'empare de la population. La crise
« approche. M. de Lamartine reste inébranlable
« dans sa résolution.

« La place de la Concorde dût-elle être déserte
« et tous les députés dussent-ils se retirer de leurs
« devoirs, j'irai seul au banquet avec mon ombre
« derrière moi. »

Il était minuit quand il prononçait ces paroles.
A minuit et demi, on vient lui apprendre que les
commissaires avaient fait disparaître les préparatifs de la réunion, et qu'en se présentant au banquet M. de Lamartine ne trouverait qu'une porte
fermée.

Le rôle de l'opposition finissait, celui du peuple,
qui avait pris parti pour les députés, allait commencer.

IV

L'émeute devient une révolution. — Journées des 21, 22 et 23 février.

Par la défense du banquet on avait voulu prévenir les rassemblements tumultueux, par conséquent les troubles. Mais loin de les empêcher ces rassemblements agitateurs, elle ne fit que les provoquer; une foule considérable se porta dans le voisinage du lieu où les convives devaient se réunir. On la dispersa. Elle se répandit dans les différents quartiers de Paris. Un nombre infini de citoyens, pour la plupart exaltés, stationnaient sur les places publiques. On s'efforçait de susciter une manifestation hostile et révolutionnaire aussi nombreuse que possible, aux cris de *Vive la réforme!* mais ce jour-là, tout en montrant une violente irritation, le peuple ne se laissa pas encore entraîner. Il eut le courage et le bons sens de résister à tous les efforts des meneurs, et, vers le milieu de la nuit, la tranquillité se rétablit, au moins en apparence. Tout semblait rentré dans l'ordre, et le gouvernement rassuré croyait n'avoir plus rien à redouter. Tous les gens raisonnables en étaient aussi persuadés ; mais les ennemis de l'ordre, qui veillaient, ne se laissèrent pas endormir, et le lendemain 24, dès le matin, les places publiques furent envahies. De nouveaux groupes se formaient de différents côtés, et en particulier sur le boulevard des Capucines, dans le voisinage du ministère des affaires étrangères, dont jusqu'alors M. Guizot avait été le titulaire. Chacun faisait ses conjectures et ses suppositions sur ce qui allait se passer dans la journée qui commençait.

Les nombreux groupes qui se multipliaient d'instant en instant continuèrent à stationner et à discuter. On eût dit des nuages chargés d'électricité, qui portaient dans leurs flancs la foudre que la moindre étincelle pouvait faire éclater.

Dans cet état de choses, le gouvernement, qui commençait à comprendre tout ce qu'il y avait de dangereux dans cette attitude menaçante, crut devoir envoyer la troupe pour maintenir l'ordre.

Malgré les efforts et les précautions du gouvernement, cette journée avait offert un aspect très-agité. Le soir, des groupes s'étaient formés autour des proclamations du préfet de police. On les commenta d'abord, ensuite on les déchirait ; les boulevards étaient tristes et mornes. On s'abordait avec inquiétude, on se parlait à voix basse ; chacun comprenait, sans s'en rendre compte, qu'on était à la veille d'un de ces drames terribles où allait se jouer le sort d'une nation.

Pendant la nuit, le gouvernement prit de nouvelles précautions. Des officiers d'ordonnance, enveloppés dans leurs manteaux, parcouraient à cheval les quartiers populeux du centre de Paris, étudiant d'un coup d'œil les différentes positions, et après avoir trouvé partout le calme sur leur chemin, ils rentrèrent aux Tuileries pour y apporter leurs propres illusions.

« Le 22, le jour se leva sombre, le ciel était dé-
« chiré par de grands nuages balayés par un vent
« d'ouest. La rue était calme ; seulement, vers
« dix heures, une population nombreuse et bruyante
« descendit des quartiers éloignés. Trois files de
« curieux s'avançaient en masses compactes par
« les trois grandes artères des quais, des boule-
« vards et de la rue Saint-Honoré, vers la place de
« la Concorde, où des attroupements immenses
« s'étaient déjà formés. »

Le pouvoir, à ce moment, semblait encore prendre

à tâche de laisser grossir l'émeute pour l'écraser d'un seul coup.

Presque en même temps que ces files de curieux marchaient vers le lieu où se concentrait l'émeute, une députation des écoles, rassemblées depuis le matin sur la place du Panthéon, s'ébranlait au chant de la Marseillaise et des Girondins : elle fut rencontrée, à la hauteur de la rue Duphot, par une foule d'ouvriers qui se joignirent à elle. La colonne, ainsi grossie dans sa marche, se porta à la demeure du député Odilon Barrot, sous les fenêtres duquel elle fit retentir ses acclamations et ses *vivat*.

Lorsqu'elle eut ainsi acclamé l'illustre député, la foule revint au ministère des affaires étrangères, en criant *A bas Guizot!* et *Vive la réforme!* et tenta de faire le siége de l'hôtel, qui fut vigoureusement défendu par les gardes municipaux.

Ainsi repoussée, la colonne se dirigea vers la chambre des députés; elle ne put y arriver, et à l'entrée du pont elle fut définitivement refoulée par les troupes sous les ordres du général Sébastiani, vers la place de la Concorde et dans les Champs-Élysées.

Il est quatre heures, le mouvement prend alors un caractère plus décisif. Les foules se divisent, se replient, s'engouffrent dans les rues tortueuses des quartiers Saint-Martin et Saint-Merri, comme vers un centre où elles se reconnaîtront et sauront se défendre.

Vers sept heures, le rappel fut battu pour rassembler la garde nationale; mais les soldats citoyens ne répondirent qu'en petit nombre à cet appel tardif.

Dans différents quartiers on organisa des moyens de résistance, on disposa des barricades afin de se préparer aux combats du lendemain. Cependant, à minuit, le calme se rétablit partout.

Dès la première heure du 23 février, une grande agitation se manifeste, des barricades s'élèvent sur différents points de la ville. Le flot monte et l'émeute va devenir une révolution.

Dans cet entre-temps, pendant que l'on combat dans différents quartiers de Paris, aux Tuileries on paraît avoir enfin compris la gravité de la situation, on délibère sans illusions, le ministère est changé. Le peuple accueille cette nouvelle avec enthousiasme et tout paraît sur le point de finir à la satisfaction du gouvernement et du peuple. On proclame la réforme, on s'embrasse, et tous les grands sentiments de la patrie et de la liberté semblent devoir

ouvrir une ère de bonheur et de prospérité nationale. En effet, au moment où la nuit arrive, le peuple
témoigne de sa joie et de son triomphe par une illu-
mination générale qui donne à la capitale un aspect
féerique.

Comme les ministres, qui en réalité ont éprouvé
un échec, hésitent à faire illuminer leurs hôtels, on
veut les y contraindre : on commença par l'hôtel de
la chancellerie, puis on se porta vers l'hôtel de
M. Guizot. C'est ici que va se passer un événement
fatal dont le résultat doit être l'arrêt de mort de la
royauté.

Voici comment M. de Lamartine le raconte dans
son histoire de la révolution de 1848 :

« En face de l'hôtel des affaires étrangères, un
« bataillon de ligne rangé en bataille, les armes
« chargées, son commandant en tête, barrait le
« boulevard. La colonne s'arrêta tout à coup de-
« vant cette haie de baïonnettes. Le flottement du
« drapeau et la lueur des torches font cabrer le
« cheval du commandant. Le cheval, pivotant d'ef-
« froi sur ses jarrets, se rejette sur le bataillon qui
« s'ouvre pour envelopper son chef. Un coup de feu
« retentit dans la confusion de ce moment. Etait-il

« parti, comme on le dit, d'une main cachée et
« perverse, tiré sur le peuple par un agitateur du
« peuple, pour raviver par la vue du sang l'ardeur
« de la lutte qui s'éteignait? Etait-il parti de la
« main des insurgés sur la troupe? Enfin était-il
« parti de lui-même du mouvement d'une arme
« chargée ou de la main d'un des soldats croyant
« son chef frappé en voyant l'effroi de son cheval?
« Crime ou hasard, ce coup de feu ralluma une
« révolution.

« Les soldats, se croyant attaqués, mettent leurs
« fusils en joue; une traînée de feu jaillit sur toute
« la ligne. La décharge, répercutée par les hautes
« maisons et par les rues profondes du centre de
« Paris, ébranle tout le boulevard. La colonne du
« peuple des faubourgs tombe décimée par les
« balles. Des cris de mort et des gémissements de
« blessés se mêlent aux cris d'effroi des curieux,
« des femmes, des enfants qui s'enfuient; ils se
« précipitent dans les maisons voisines, dans les
« rues basses, sous les portes cochères. A la lueur
« des torches qui s'éteignent dans le sang, sur le
« pavé, on distingue des groupes de cadavres jon-
« chant çà et là la chaussée. La foule épouvantée,
« se croyant poursuivie, reflue, en criant vengeance,

« jusque vers la rue Laffitte, laissant le vide, le
« silence et la nuit entre elle et les bataillons.

« Elle croyait avoir été traîtreusement foudroyée
« dans une démonstration de joie et de concorde
« pour le changement des ministres. Sa rage se
« tournait contre ces ministres assez perfides pour
« venger leur chute par des torrents de sang, sur
« ce roi assez obstiné pour frapper ce même
« peuple qui l'avait couronné de son propre sang en
« 1830 (1). »

De leur côté les soldats étaient consternés de ce
carnage involontaire. Personne n'avait donné l'ordre de tirer ; on n'avait entendu que l'ordre de
croiser les baïonnettes pour opposer le fer à la
marche du peuple. La nuit, le trouble, le hasard,
la précipitation avaient tout fait. Le sang inondait
les pieds des soldats ; les blessés se traînaient pour
mourir entre les jambes de leurs meurtriers et
contre les murs de l'hôtel. Des larmes de désespoir
tombaient des yeux du commandant. Les officiers
émoussaient la pointe de leurs sabres sur le pavé
en déplorant ce crime du hasard ; ils sentaient
d'avance le contre-coup de ce meurtre involontaire

---

(1) LAMARTINE. — *Histoire de la révolution de* 1848. Tome
I, Livr. II et III.

du peuple sur l'esprit de la population de Paris. Le commandant se hâta de prévenir ce malentendu en entrant en explication avec le peuple. Il ordonna à un lieutenant d'aller porter à la foule groupée au coin de la rue Laffitte des paroles de regrets et des éclaircissements.

L'officier se présente au café Tortoni, qui fait l'angle de la rue Laffitte et du boulevard ; il veut parler. La foule l'entoure et l'écoute, mais à peine a-t-il proféré quelques mots qu'un homme armé d'un fusil entre, écarte les spectateurs et ajuste le parlementaire. Les gardes nationaux relèvent l'arme, repoussent le meurtrier et ramènent l'officier à son bataillon.

Cependant le récit de l'événement s'était propagé avec la rapidité de la décharge sur toute la ligne des boulevards et dans la moitié de Paris. La colonne des faubourgs, un moment refoulée et dispersée, était revenue sur ses pas ramasser ses morts. Un tombereau tout attelé s'était trouvé sous sa main, à cette heure avancée de la nuit, comme s'il eût été préparé d'avance pour promener les victimes et destiné à ranimer par ses yeux la fureur du peuple. On ramasse les cadavres, on les groupe sur ce tombereau, les bras pendants hors

du char, les blessures découvertes, le sang pleu-
vant sur les roues; on les promène à la lueur des
torches devant le bureau du *National*, comme un
trophée de vengeance prochaine étalée près de ce
berceau de la république (1).

« Après cette lugubre station, le char s'achemine
« vers la rue Montmartre et s'arrête devant le bu-
« reau du journal *la Réforme*. Nouvel appel à l'ir-
« réconciliabilité de la république et de la monar-
« chie. Des cris rauques et comme refoulés par l'in-
« dignation et par le sanglot intérieur du cortége,
« s'élèvent jusqu'aux fenêtres des maisons. Un
« homme debout sur le char, les pieds dans le
« sang, soulève de temps en temps, du monceau
« des morts, le cadavre d'une femme, le montre à
« la foule et le recouche sur le lit sanglant. A cet
« aspect la pitié des passants se change en fureur;
« ils courent s'armer dans leurs maisons. Les rues
« se vident. Une haie d'hommes armés de fusils
« marche autour des roues; ils s'enfoncent dans
« les rues obscures du centre populeux de Paris,
« vers le carré Saint-Martin, ce mont Aventin du
« peuple. Ils frappent de porte en porte pour ap-
« peler des combattants nouveaux à la vengeance.

(1) Journaux du temps, *passim*.

« A la vue de ces victimes reprochées à la royauté,
« ces quartiers se lèvent, courent aux cloches, son-
« nent le tocsin, dépavent les rues, élèvent et mul-
« tiplient les barricades. De temps en temps des
« coups de feu retentissent pour empêcher le
« sommeil d'assoupir l'anxiété et la colère de la
« ville. Les cloches portent, d'église en église,
« jusqu'aux oreilles du roi, aux Tuileries, les tin-
« tements funèbres précurseurs de l'insurrection
« du lendemain.

    « Pendant que le soulèvement excité par la ven-
« geance et favorisé par la nuit s'étendait dans tout
« Paris, le roi réfléchissait, au son du tocsin, aux
« moyens de calmer le peuple et de comprimer la
« révolution dans laquelle il ne voulait voir encore
« qu'une émeute (1).» Mais il était trop tard. La lutte
recommença dès le matin ; elle devint terrible,
acharnée, entre le peuple et la troupe. Les choses
en arrivèrent à ce point que l'émeute, commencée
le 22 février au cri de *Vive la réforme !* était devenue, le 23, une révolution au cri de *A bas le
roi !* Des barricades furent élevées dans les principales rues de Paris et sur les boulevards ; le rappel
battait partout ; le tocsin faisait entendre ses sons

(1) LAMARTINE. — *Histoire de la révolution.*

d'alarme ; dans tous les quartiers de la ville on livrait des combats fratricides. Toute autorité avait
disparu ; les conseillers de la couronne étaient dis-
persés ; la voix des chefs de l'armée n'était plus
entendue, leurs ordres étaient méconnus, la frayeur
avait envahi les plus fortes âmes. Aussi tout fut
bientôt fini, le trône fut brisé et le gouvernement
fut renversé...

V

Chute. — Fuite de Louis-Philippe.

Il n'est aucun des contemporains de cette époque qui ne se souvienne de cette nuit étrange où il semblait qu'un tremblement universel agitât les pavés, où une armée de travailleurs silencieux dressait un réseau de barricades, où le peuple, cet habile stratégiste, prenait des dispositions tellement formidables qu'une armée tout entière eût péri si elle se fût engagée dans ces défilés multipliés à l'infini et gardés de cent pas en cent pas par des groupes de combattants décidés jusqu'à la mort.

Quand le roi se réveilla, les Tuileries étaient déjà cernées, et il put entendre les premières détonations de la fusillade. Il avait passé la nuit en conférence avec M. Guizot, qui ne put s'échapper du château sans courir de grands dangers. A sept heures du matin, M. Thiers y rentra à la tête d'un groupe de députés de l'opposition. Ils venaient d'apprendre la nomination du maréchal Bugeaud aux fonc-

2

tions de commandant des troupes. Cette nomination produisit le plus détestable effet sur le peuple :
aussi M. Thiers demanda avant tout la révocation
du maréchal. Le roi révoque la nomination ; l'ordre
est donné de faire cesser le feu partout en conser-
vant les positions. La cour du château est gardée
par trois mille hommes de troupes de ligne et par
six pièces de canon en batterie.

Ces précautions militaires eussent été suffisantes
s'il ne se fût agi que d'une émeute si considérable
qu'elle fût ; mais c'était une révolution formidable.

Plusieurs députés et rédacteurs de journaux,
entre autres MM. Thiers et Rémusat d'une part,
MM. de Girardin et Merruau d'une autre, se présentent au palais pour annoncer au roi que le peuple approche des Tuileries et que tout est perdu.
Des détonations terribles se font entendre autour
du palais, dont toutes les issues sont fermées, et y
répandent l'effroi.

La famille d'Orléans se rassemble alors, on délibère, et tous jugent que l'abdication est la seule
planche de salut. Louis-Philippe Ier se résigne.
M. de Girardin lui présente une rédaction préparée
d'avance. MM. de Girardin et Merruau se retirent
pour aller annoncer l'abdication.

Les deux journalistes se présentent à la barri-
cade de la rue Saint-Honoré. La nouvelle abdication est accueillie avec des transports de joie tem-
pérée par l'incrédulité ; quelques combattants
paraissent ne vouloir déposer les armes que si on
leur apporte l'abdication du roi avec sa signature.

La demande est transmise aux Tuileries. Le roi
prend la plume, et lentement, tristement, il écrit
ces mots : « *J'abdique en faveur de mon petit-fils*
« *le comte de Paris ; je désire qu'il soit plus heureux*
« *que moi.* »

Le maréchal Gérard est chargé par l'ex-roi des
Français de communiquer la lettre d'abdication au
peuple ; mais le peuple ne veut pas plus du petit-
fils que du grand-père. Le maréchal crie *Vive le*
comte de Paris ! le peuple répond *Vive le maréchal !*
Tout était consommé, Louis-Philippe n'avait plus
qu'à prendre cette longue et triste route de l'exil,
frayée par Napoléon et par Charles X. L'ordre est
donné aux troupes de se replier derrière les grilles
des Tuileries et de faire approcher les voitures du
départ ; mais le peuple est déjà maître du Carrousel.

Lorsque les voitures débouchent sur la place, le
piqueur est abattu d'un coup de fusil, deux che-

vaux sont tués, les équipages rentrés dans les remises.

Avant de quitter pour toujours ce splendide palais qui, dans l'espace d'un peu plus d'un quart de siècle, a été le caravensérail de trois dynasties, l'ex-roi ôtait l'uniforme qu'il avait pris pour passer la revue; il déposa sur son bureau les insignes de sa grandeur évanouie, son épée, ses épaulettes et le grand cordon de la Légion d'honneur.

La reine Marie-Amélie, pâle, immobile, les lèvres frémissantes, retenait ses larmes prêtes à déborder.

Lorsque Louis-Philippe eut changé de costume, il embrassa la duchesse d'Orléans après lui avoir recommandé de rester, salua les assistants, offrit son bras à l'ex-reine, et quitta le siége de son gouvernement, accompagné de M. Crémieux. Il sortit par le souterrain qui conduit à la terrasse du bord de l'eau. Il traversa à pied une haie de soldats et de gardes nationaux; les cris de *Vive la France!* *Vive la réforme!* se mêlaient à quelques cris de *Vive le roi!* Arrivé vers le milieu de la place, Louis-Philippe se tourna vers quelques gardes nationaux et leur dit : « *Il y a dix-sept ans* que vous m'avez « appelé, je suis venu; vous me renvoyez, je m'en « vais; mais je n'ai rien à me reprocher. » La reine portait la tête haute et affectait une tranquillité impassible.

A l'entrée du cours, Louis-Philippe et Marie-Amélie montaient dans une voiture de triste apparence. Une seconde voiture suivait, c'était celle de la duchesse de Nemours. Toutes deux roulaient sur le quai de Passy ; la royauté fuyait vers Saint-Cloud, et de Saint-Cloud vers la mer.

Ce ne fut que quand il eut compris qu'il était abandonné de tout le monde, qu'en vain il cherchait autour de lui ceux qu'il avait le plus comblé de bienfaits, de faveurs, et qu'il devait considérer comme des amis dévoués, qu'il commença à perdre le courage et l'espoir. Puis, quand il apprit le triomphe complet de l'émeute, et que toute résistance devenait inutile, il laissa tomber de son front la couronne qu'une fraction des députés de 1830 y avait posée de son chef, et se sauva comme un vaincu, j'allais presque dire comme un coupable abandonné de tous les siens.

Terrible leçon sur la fragilité de la faveur populaire, qui, dans tous les temps, a été plus mobile que les flots de la mer. *Et nunc reges intelligite erudimini qui judicatis terram* (1).

(1) Psaume II, v. 10.

2.

Cet infortuné roi déchu fut condamné à prendre la fuite, seul et dans un abandon complet, délaissé par ses ministres, dont les conseils n'avaient pu ni prévoir ni conjurer sa perte.

Quand un souverain est tombé, le nombre de ses amis ou de ses serviteurs assez généreux pour partager son infortune et le suivre dans le malheur est rarement considérable ; heureux encore quand ils ne se tournent pas contre lui, car leurs intérêts personnels les préoccupent avant tout.

Le 27 février, Louis-Philippe quitta Saint-Cloud, se dirigeant sur Versailles et de là à Dreux. De Dreux, où Louis-Philippe apprit que toute sa dynastie était bannie du royaume, il crut qu'il était prudent de hâter sa fuite. Accompagné d'une partie de sa famille, il parvint à Honfleur le jour même de son départ de Dreux.

Le général de Rumigny ne voulut pas abandonner le fugitif. Il avait chargé M. de Perthuis, ancien officier d'ordonnance, de disposer une maison qu'il possédait sur la côte de Grâces. C'est vers cette maison que s'achemina la famille proscrite. Louis-Philippe s'était travesti, il avait coupé ses favoris, portait des lunettes vertes et avait enveloppé le bas de sa figure d'un cache-nez. Il voyageait sous le nom de *monsieur* Durand.

Dans la maison préparée par M. de Perthuis, toute la famille réunie tint conseil. On arrêta qu'on irait au Havre le plus tôt possible. Mais on ne pouvait y aller que par mer. Or les vents soufflaient avec violence, les flots étaient soulevés comme la France, la tempête grondait et rendait le voyage presque impossible. Les fugitifs sont obligés de retourner à Honfleur. Des arrangements y furent faits pour leur transport en Angleterre, avec un patron de barque expérimenté ; mais la violence de la tempête mit toute la famille dans la nécessité de séjourner à Honfleur. Dans cet intervalle de temps, on veut revenir sur le marché passé avec le patron. Cet homme tient aux arrangements pris ; Louis-Philippe veut les faire résilier. On était convenu de 5,000 francs pour la traversée. Pour la résiliation on ne voulait donner que 2,500 francs. Le marin s'y refusait, et, dans son irritation, il conçoit des soupçons et se rend chez le commissaire pour lui confier ces soupçons, que tout semblait confirmer. Ainsi, pour une misérable somme de 2,500 francs, Louis-Philippe s'expose à se faire arrêter. Mais un médecin, dont nous ignorons le nom, chez lequel était toute la famille, lui fournit le

moyen d'échapper aux poursuites des autorités républicaines. Cependant on n'était pas hors de danger ; les bords de la mer étaient surveillés afin de
barrer le passage à l'ex-roi, s'il y était reconnu.
Malgré l'active surveillance des agents du nouveau
pouvoir, l'infortunée famille, tombée de si haut,
parvint, au point du jour, à gagner le paquebot anglais *Express*, qui attendait au Havre ceux des
sujets de la reine Victoria qui jugeraient à propos
de quitter la France.

Bientôt l'*Express* quittait la rade, mettait le
cap sur l'Angleterre et frayait à la race royale dé-
chue le triste sillon de l'exil.

Pendant trois jours et trois nuits la royauté, qui
avait erré sur la côte, pourchassée par les douaniers,
faisait, du haut d'un paquebot anglais, son dernier
adieu à la France.

Le lendemain, l'ex-roi et Marie-Amélie, son ex-
royale épouse, débarquaient, sans habits, sans linge
de rechange, au petit port de *Newhaven*, et arrivait quelques heures plus tard à la station de *Croy-
don*, où la reine d'Angleterre avait envoyé le prince
Albert et des officiers de sa maison pour recevoir
les illustres exilés de France.

Souverain la veille, Louis - Philippe d'Orléans

n'est plus aujourd'hui qu'un prince banni de son pays, sans pouvoir ni prestige; il n'est plus que l'hôte humilié d'une puissance rivale.

VI

Obligations et devoirs d'un souverain.

La chute d'un souverain, et surtout d'un souverain français, est toujours un grand événement
pour toutes les puissances de l'univers. Mais, quand
un prince tombe, si l'on examine les causes de sa
chute, ne trouve-t-on pas ordinairement que c'est,
premièrement, parce qu'il n'a pas suffisamment compris ses devoirs ou ne les a pas remplis avec intelligence et dévouement, avec cet esprit de sacrifice
exigé d'un souverain? Deuxièmement, n'est-ce pas
parce qu'il n'a pas été secondé par ceux qu'il avait
appelés pour l'aider à porter l'immense fardeau du
gouvernement d'un peuple? Qu'on nous permette, à
cette occasion, de rappeler, en peu de mots, que les
obligations et les devoirs d'un souverain qui, dans
un pays quelconque, accepte la lourde tâche de
présider aux destinées d'une nation, selon les principes reconnus de son droit public et la forme de

son gouvernement, est incontestablement la plus importante et la plus difficile, mais aussi la plus honorable et la plus glorieuse de toutes les missions qui puissent être confiées à un homme, en raison des obligations qui lui sont imposées.

Cette mission sublime de présider aux destinées d'une nation sort de la foule celui qui en a été investi; elle l'élève au-dessus de tous les autres et le revêt d'une autorité suprême ; elle en fait enfin un ministre de Dieu, quelles que soient d'ailleurs l'origine et la nature de son pouvoir, et l'établit son lieutenant pour gouverner les hommes en son nom.

Or, gouverner les hommes au nom de Dieu, c'est d'abord maintenir, de concert avec les grands corps de l'État légalement constitués, pour le plus grand bien de tous, l'ordre, la paix et la tranquillité au milieu de la nation dont on a l'honneur d'être le chef.

Gouverner au nom de Dieu, c'est rendre la justice avec impartialité, respecter les libertés publiques et celles de chaque citoyen, sans distinction de personnes ni de position sociale.

Gouverner au nom de Dieu, c'est se dévouer pour la prospérité, le bonheur et la dignité du pays auquel on préside et dont on doit toujours faire passer les intérêts avant ses intérêts particuliers.

Nous ajouterons que l'autorité suprême demande de tous ceux qui en sont revêtus une vie de sacrifice et d'abnégation de soi-même, une vie qui oblige à ne jamais se considérer personnellement, mais à ne voir en toutes choses que le bien du peuple et les avantages de la nation, soit au point de vue de la sécurité publique à l'intérieur, soit au point de vue de la sûreté nationale à l'extérieur. Mais pour bien remplir sa mission de souverain, le plus puissant monarque ne saurait gouverner seul. Il a besoin de se former un conseil ou ministère; de diviser ce ministère en un nombre de départements divers proportionnés aux différents besoins de l'État, afin de conserver la constitution dans son intégrité et d'en faire exécuter tous les articles dans l'intérêt général de la société.

Les droits du souverain, qui découlent de ses devoirs, sont donc d'une incontestable évidence.

Quand on considère ainsi, à leur véritable point de vue, les droits d'un souverain, il n'est personne qui ne comprenne que la fameuse maxime, *le roi règne et ne gouverne pas*, n'est, en réalité, qu'un sophisme politique qui n'a pas de sens.

Sous le règne de Charles X, si elle a été proclamée avec tant de retentissement; si depuis elle a été tant de fois répétée dans les journaux de toutes les opinions, avec des appréciations dans le sens de leur ligne politique, c'est que ceux qui l'avaient *inventée* s'en servaient comme d'un puissant moyen d'opposition. Ils y puisaient des arguments de toute sorte pour le besoin de leur cause.

Le chef de l'État, en effet, qui n'exercerait l'autorité ni directement ni indirectement, n'aurait jamais qu'une ombre de souveraineté. Sa valeur seule et son mérite pourront lui donner quelque influence dans le pays; mais ce n'est pas assez.

Si, d'un côté, de sérieuses obligations sont imposées aux souverains, d'un autre côté, pour remplir dignement les importantes fonctions de ministre, un citoyen que le souverain appelle dans ses conseils doit réunir des qualités particulières qui le distinguent des autres. Aussi le devoir du chef de l'État est-il de s'appliquer à ne choisir pour ministres que des hommes honnêtes, au cœur droit, à l'esprit élevé, aux sentiments généreux, reconnus capables, et, autant que possible, spéciaux pour le département qui leur est confié. Le souverain qui sait le mieux choisir ses ministres est celui qui sait le mieux gouverner; car, par ses ministres, il exerce son action gouvernementale jusqu'aux

3

dernières extrémités de la hiérarchie sociale.

Après une expérimentation plus ou moins longue de l'administration de ses ministres, une fois qu'il a reconnu qu'ils sont à la hauteur de leur mission et qu'ils méritent sa confiance, le souverain doit aimer à prendre leurs conseils et leurs avis. Mais, quand il s'agit d'administration et de gouvernement, il doit écouter ses amis, prendre leurs avis ; il doit aussi compter avec ses adversaires, faire attention à leurs attaques ou à leurs critiques ; car, voyant les choses à un autre point de vue que son gouvernement, il peut arriver qu'ils soient dans le vrai, et que l'opposition éclaire la marche des affaires, empêche des erreurs et provoque une plus vive lumière au milieu des conseils du chef de l'État.

Un souverain sage ne doit jamais non plus avoir de système gouvernemental absolu, ni pour l'intérieur, ni pour l'extérieur, ni de parti pris... Comme tous les jours les idées changent, se modifient ou se renouvellent, un système absolu pour l'intérieur ne pourrait que conduire à l'absurde et à l'impossible. Il n'y a que les principes religieux qui ne changent jamais.

Nous en disons autant pour l'extérieur ; tous les

jours nous voyons les circonstances, dans les relations de peuple à peuple, déplacer le lendemain les intérêts de la veille.

A ces différents points de vue, l'opposition, quand elle n'est pas frappée d'aveuglement ou inspirée par de mauvaises passions, peut devenir une sage conseillère pour son souverain.

Après la constitution et l'organisation de son ministère, un souverain doit songer à la formation de sa maison, soit civile, soit militaire. Ici, pour composer sa maison, il est tenu de ne pas apporter une moins sérieuse attention que pour son ministère.

La nomination des grands dignitaires de la couronne et des hauts fonctionnaires qui composent l'entourage du souverain inspire d'autant plus d'estime, de respect et de considération pour sa personne que tous ces personnages considérables, plus en vue que les autres, ont une conduite plus irréprochable.

Malheureusement, la cour d'un souverain est beaucoup trop souvent remplie d'ambitieux ou d'hommes avides d'hommages et de plaisirs. De là des intrigues, des brigues, des coalitions. On prétend même que le souverain, s'il ne veille pas sur

lui-même, s'il ne sait pas déjouer les piéges et les
embûches qui l'environnent et le circonviennent,
finit quelquefois par se laisser dominer par les
flatteurs et par devenir injuste envers ses meilleurs
serviteurs. C'est pour cela qu'il y a des révolutions
de palais comme il y a des révolutions politiques.
Ces révolutions intérieures ne font pas moins de
tort au souverain que les conspirations des ennemis de son gouvernement.

Sans prétendre faire une application spéciale et
unique à la suite de la chute de Louis-Philippe et
du renversement du trône qu'il n'avait pu conserver pour sa dynastie; sans prétendre faire une application unique et spéciale de ces principes au
règne de ce prince, il nous a paru bon de les for-
muler en propositions précises et nettes, et de les
rappeler à la méditation de tous ceux qui s'intéressent au gouvernement de leur pays et de ses chefs.

Du reste, les devoirs et les charges que la nature
de ses fonctions imposent à un souverain constitu-
tionnel ou absolu sont les mêmes pour les chefs de
tous les gouvernements, quelle que soit leur nature ou leur forme. Du moment qu'on est placé dans
les hautes régions gouvernementales d'un pays, on
doit être tout entier consacré à son service. *Non*

veni ministrari, dit Jésus-Christ, *sed ministrare* (1), c'est parce que les chefs des empires oublient trop facilement cette base fondamentale de la souveraineté, que les nations sont si rarement tranquilles.

(1) Matth. 20-28.

VII

Démarches de Mme la duchesse d'Orléans à la chambre des députés.

Pendant que Louis-Philippe, abandonné de tous les siens, accompagné de la reine Marie-Amélie, s'échappait de Paris, un drame saisissant et plein de tristes émotions se passait à la chambre des députés.

Vers deux heures, la malheureuse duchesse d'Orléans, dont le cœur était vivement agité, se présente à la porte de la chambre des députés; elle y entre au milieu du plus profond silence. Elle était accompagnée du duc de Nemours, de quelques officiers et de quelques gardes nationaux.

La princesse est pâle, sa figure est défaite, des larmes coulent silencieusement sur son visage, malgré les efforts qu'elle fait pour les retenir. Le duc de Nemours se tient debout derrière le fauteuil de la duchesse ; il est en costume de lieutenant général ; sa figure est calme.

Personne ne paraît oser rompre le silence plein

de respect qui s'est produit autour de cette femme, qui doit être si malheureuse, et prendre la parole.

Enfin M. Dupin, qui a amené le comte de Paris à la chambre, est invité à monter à la tribune. Son discours, dans lequel il proclame l'abdication de Louis-Philippe en faveur de son petit-fils le comte de Paris, avec la régence de la duchesse d'Orléans, est accueilli avec des dispositions bien différentes par les centres et les deux côtés extrêmes. Les uns, par un silence glacial, témoignent des dispositions hostiles; les autres, par des applaudissements pleins de sympathie, témoignent de leur adhésion.

Après ce discours, le président Sauzet voulut appuyer cette adhésion sympathique de l'autorité de sa parole; mais il fut interrompu par de bruyantes exclamations parties de la gauche, de la droite et des tribunes publiques, qui se sont remplies depuis l'arrivée de la princesse.

Tout à coup les portes s'ouvrent avec fracas ; ce sont des gardes nationaux et des hommes du peuple qui font leur entrée, repoussant les huissiers qui veulent s'opposer à leur passage.

Au milieu de ce tumulte, M. Marie s'élance à la tribune et ne peut obtenir le silence. M. de Lamartine indique de la main qu'il veut parler : « Je de-

« mande, dit-il, à M. le président de suspendre la
« séance, par le double motif et du respect que
« nous inspirent, d'un côté, la représentation na-
« tionale, et de l'autre, la présence de l'auguste
« princesse qui est ici devant vous. »

Un groupe de députés entoure la princesse et
l'engage à ne pas demeurer au milieu de cette
effrayante mêlée. Le duc de Nemours semble insister aussi auprès d'elle pour qu'elle abandonne la
salle; mais la princesse résiste. Plus courageuse
que le président, plus politique que ses amis, son
cœur de mère lui dit que la couronne de son fils
est à tout jamais brisée si elle s'éloigne. Elle pensait vrai et en femme qui jugeait les choses sous
leur véritable jour.

Pendant que ces choses se passaient dans la
salle, M. Marie occupait toujours la tribune sans
pouvoir dominer le bruit des clameurs qui rem-
plissent la salle envahie, et à l'intérieur et à l'extérieur; enfin il put se faire entendre. Ses paroles
portèrent le premier coup à la régence et firent
surgir la pensée de la république.

Son discours se terminait ainsi : « *Je me résume
et demande qu'un gouvernement provisoire soit
sur-le-champ organisé.* » Des bravos accentués

accueillent cette proposition ; l'exemple de M. Marie entraîne immédiatement un nombre considérable de députés.

M. Odilon Barrot tente un dernier effort, et, après quelques phrases profondément senties, il s'écrie : « *Notre devoir est tout tracé ; il nous invite à nous* « *rallier à ce qu'il y a de plus généreux dans la* « *nation. La couronne de Juillet repose sur la tête* « *d'un enfant et d'une femme.* » A ces mots acclamés par le centre, la duchesse d'Orléans se lève et salue l'assemblée, puis elle parle au comte de Paris, qui se lève et salue à son tour.

La princesse comprend que le moment est venu pour elle de jouer le rôle de Marie-Thérèse. Elle fait signe qu'elle veut parler ; elle agite un papier ; mais sa voix se perd dans le tumulte ; elle s'affaisse sur son fauteuil en regardant son enfant, qui assiste d'un air distrait à ce triste spectacle dont il ne comprend pas le mystère.

En ce moment, une foule nouvelle et nombreuse envahit la salle aux cris de *Pas de régence ! Plus de royauté !* C'était le dernier mot du peuple. Quand elle vit l'acharnement du peuple contre sa dynastie, la duchesse d'Orléans reconnut alors qu'elle était définitivement vaincue. Elle se laissa

3.

entraîner hors de l'enceinte et dut s'estimer heureuse, lorsqu'elle en fut sortie, de retrouver ses enfants et son beau-frère. La duchesse d'Orléans, arrachée aux fureurs populaires, fut conduite à l'hôtel de la présidence. Ses deux fils lui furent ramenés quelques instants après son arrivée chez M. Sauzet. Le soir elle coucha aux Invalides ; le landemain elle quitta la France.

Ainsi la tempête révolutionnaire qui avait emporté le trône avait du même coup dispersé toute la famille de la branche cadette de la maison de Bourbon. La mère du comte de Paris gagnait l'Allemagne avec ses deux enfants. Elle avait cependant un parti considérable, et parmi les défenseurs des intérêts de son fils des hommes qui passaient pour les plus forts comme intelligences, comme talents, comme politiques, comme expérimentés et rompus aux affaires ; ils passaient aussi pour les princes de l'éloquence parlementaire ; c'est pour cela qu'elle comptait sur le succès. Mais la providence divine en avait décidé autrement, et tous les efforts de ces hommes puissants se sont brisés contre sa volonté suprême.

En considérant les faits qui venaient de s'accomplir en si peu de temps, en examinant ce qui se

passait et en apprenant les dispositions du peuple,
il était impossible de ne pas voir que non-seulement en France, mais en Europe, nous pourrions
même dire dans le monde entier, c'était une révolution radicale qui allait changer la face de notre
pays et celle de beaucoup d'autres.

VIII

Les blessés de la révolution à l'hôpital de la Charité.

Changer la forme d'un gouvernement, c'est toujours un événement capital qui ne se consomme jamais sans de profondes commotions, sans des luttes plus ou moins acharnées, sans une plus ou moins grande effusion de sang. C'est ce qui arriva en 1848; car avant que cette grave décision du changement de la monarchie française en une république ne fût prise, que de victimes avaient succombé dans une infinité de rencontres où l'on s'attaquait avec une égale fureur! Dès le premier jour du combat, un grand nombre de morts et de blessés avaient été recueillis dans les différents quartiers de Paris, transportés dans les hôpitaux divers, surtout à la Charité, rue Jacob, au cœur de la capitale.

Le second jour, le nombre des blessés et des morts fut beaucoup plus considérable que la veille. Comme le premier jour, ce fut également à la

Charité que l'on transporta la plus grande quan-
tité des nouveaux blessés, sans parler des morts.
L'encombrement occasionné par cette affluence
fut si considérable que non-seulement on remplit
toutes les salles de chirurgie, mais qu'on fut
obligé d'évacuer beaucoup des salles de médecine,
qui furent aussi promptement remplies que les
salles de chirurgie.

Une immense salle du rez-de-chaussée fut con-
sacrée aux morts, que l'on y coucha les uns à côté
des autres. Dans l'intervalle de ces deux jours,
quatre-vingt-seize y furent déposés. Quel affreux,
quel douloureux spectacle que de voir étendus sans
vie, les uns à côté des autres, un si grand nombre
d'hommes jeunes pour la plupart, qui deux jours
auparavant étaient pleins de santé! Mais les morts
et les blessés ainsi accumulés ayant mis MM. les
administrateurs dans l'impossibilité d'en recevoir
davantage, on songea à trouver un établissement
où l'on pourrait les transporter. Avant de parler de
cet établissement, nous croyons devoir relater un
fait qui nous a vivement ému. Nous étions alors premier aumônier de l'hôpital de la Charité. En cette
qualité, nous avions établi un service religieux dans
cette immense salle des morts transformée en une

sorte de chapelle ardente. Nous y récitions l'office
des trépassés et les prières de l'Église. Plusieurs fois
par jour nous traversions cette salle pour le service religieux ; mais nous ne le faisions jamais sans
éprouver une profonde impression de tristesse et
de douleur. Il y avait là pêle-mêle de malheureuses victimes de tous les partis, que la révolution
y avait entassées ; mais le fait qui nous a si vivement frappé, c'est que, même après la mort, sur la
figure de tous ces hommes qui avaient succombé
dans le combat, on remarquait aisément nous ne
savons quelle expression des sentiments qui les
avaient conduits sur la place publique, le fer
à la main.

Les uns avaient encore la figure contractée et
courroucée ; on y retrouvait les traces de l'irritation,
de la colère, de la violence ou du désespoir, pro-
duites par l'effet d'une lutte acharnée.

Les autres, au contraire, portaient sur leur front
une inexprimable placidité. Sans doute d'autres
motifs, d'autres sentiments ou d'autres entraîne-
ments que ceux dont nous venons de parler les
avaient amenés comme leurs frères sur le champ
de bataille et au milieu de la mêlée ; mais la religion avait adouci leurs dispositions, car tous ceux-

là, et le nombre en était grand, portaient sur leur poitrine la médaille vénérée de la sainte Vierge.

On apercevait aussi parmi les morts quelques jeunes soldats nouvellement enrôlés sous les drapeaux. Ces braves et courageux enfants de la patrie venaient d'être arrachés au sein de la famille, aux embrassements de leurs pauvres mères. Ils étaient venus pour défendre le pays contre les ennemis du dehors, et voilà qu'ils sont tués au milieu des horreurs d'une guerre civile.

Leurs bonnes mères on dû verser des larmes bien amères en apprenant la mort si peu prévue de ces chers enfants à peine sortis de la maison paternelle, et sur le retour desquels chaque famille comptait, dans un temps donné, pour l'aider et la soutenir dans ses travaux et préparer l'avenir de la vieillesse.

La mort de ces jeunes soldats ainsi moissonnés avant l'âge a frappé au cœur ces familles éplorées ; elles en sont plongées dans la tristesse et la désolation ; mais elles se consolent en songeant que, fidèles à leur drapeau, ils ont succombé avec honneur en défendant le gouvernement qu'ils avaient juré de servir, parce qu'il était le gouvernement reconnu du pays. Dans ce mélange d'enfants du peuple et de soldats de l'armée, tous enfants de la même patrie, ensevelis dans la mort sur le champ de bataille, il n'y avait pour nous que des frères que nous confondions tous dans un même sentiment au fond de notre âme de prêtre. Pour tous sans distinction nous adressions nos prières à Dieu avec la même ferveur, et tous également nous les lui recommandions dans l'offrande du saint sacrifice de la messe.

Si de la salle des morts nous remontons dans celles des blessés confiés aux soins des religieuses de Saint-Augustin et des médecins, ils étaient traités avec un parfait dévouement partout. Les élèves internes et externes de l'hôpital de la Charité rivalisaient de zèle et d'empressement avec les médecins leurs maîtres, ces hommes de cœur que l'on retrouve toujours les mêmes dans les grandes occasions, soit sur les champs de bataille, soit au milieu des épidémies.

En mentionnant le dévouement de ceux qui se sont empressés de donner leurs soins aux blessés apportés à la Charité, nous devons surtout signaler M. l'abbé Leguillou, notre très-honoré collègue, aujourd'hui curé de Levallois, qui, pendant tout le temps de leur séjour à la Charité, ne cessa de montrer auprès d'eux un zèle persévérant.

Nous devons ajouter que pendant ces jours d'encombrement et de confusion, l'administration locale, directeur, économe, employés, infirmiers, infirmières, ne demeura pas moins à la hauteur de sa mission que l'administration de l'assistance publique. Sans s'émouvoir ni s'agiter, cette paternelle administration avait compris toute l'étendue des obligations que lui imposait l'état des choses pendant ces moments de soulèvements et de combats.

Plusieurs jours s'écoulèrent ainsi à l'hôpital de la Charité, où chacun se livrait sans réserve à l'accomplissement de ses devoirs et poussant l'abnégation jusqu'à l'oubli de ses besoins personnels.

IX

Envahissement des Tuileries.

Le jour même où Louis-Philippe quitta les Tuileries, plusieurs centaines de combattants qui
avaient pénétré dans le palais au milieu de la foule,
voyant qu'ils pouvaient s'y bien trouver, s'y instal-
lèrent comme s'ils en étaient les maîtres. Ils com-
mencèrent par s'emparer de tous les vêtements qui
pouvaient leur convenir et dont, pour la plupart, ils
avaient grand besoin. Ensuite ils consommèrent
les provisions que la royauté y avait laissées. Ils
descendirent dans les caves et y burent à discrétion
tous les vins qui s'y trouvaient. Ils occupèrent les
plus splendides appartements, couchèrent dans
les lits du roi Louis-Philippe, de la reine Marie-
Amélie, des princes, des princesses et des grandes
dames de la cour.

En rappelant cette prise de possession des Tuileries par le peuple vainqueur, nous devons revenir avec quelques rapides détails sur ce qui s'est
passé à cette occasion.

Malgré l'incroyable sécurité dans laquelle il s'é-
tait imprudemment endormi, Louis-Philippe s'é-
tait cependant occupé à disposer des avant-postes
de distance en distance. Il avait surtout fortifié le
château d'eau bâti en face du Palais-Royal. Il en
avait fait une véritable citadelle. La porte de l'é-
difice était en chêne massif, percée de meurtrières
et revêtue de lames de fer. Les balles rebondis-
saient sur cette sombre façade qui ne pouvait être
entamée que par le canon.

Deux compagnies de la troupe de ligne s'étaient
repliées dans l'intérieur du poste et faisaient, à travers les meurtrières, un feu terrible sur les assaillants, qui ne pouvaient déboucher sur la place sans
être immédiatement balayés. Durant trois heures
le combat continua avec la chaleur et la vivacité
d'un siége et d'un assaut. La garde nationale et le
peuple, décimés par les balles, combattaient un
ennemi invisible. L'exaspération était à son comble ;
les assaillants ignoraient ce qui se passait ailleurs et
craignaient que cette longue résistance ne finît par
compromettre la victoire. Tout à coup on apprend
que les écuries du roi ont été forcées et qu'on
brûle les voitures sur la place du Carrousel. Des
hommes du peuple s'attellent aux voitures en

flammes, les amènent sur la place du Palais-Royal et les accumulent autour du poste ; un tonneau d'esprit-de-vin est roulé sur ce foyer ardent, et l'on jette au milieu du cratère les meubles du Palais-Royal. La rafale augmente l'incendie, le vent couvre les murailles d'une flamme dont l'activité dévorante s'acharne aux portes et aux fenêtres, gagne le sommet de l'édifice, crève la toiture et s'engouffre dans l'intérieur des appartements.

Pendant que les fils d'une même nation cherchaient, les uns au nom du *patriotisme*, les autres au nom de la discipline, à s'étreindre dans un embrassement mortel, la galerie vitrée du Palais-Royal, transformée en ambulance, recevait les blessés ; des matelas avaient été étendus sur les dalles de marbre, et des élèves de l'École de médecine couraient d'un malade à l'autre en recommandant le silence à cette foule qui apportait à chaque instant un nouvelle victime.

Le poste du château d'eau continuait à se défendre malgré l'incendie. Les balles traversaient encore les nuages de fumée et de flammes ; mais la fusillade, devenue plus rare, finit enfin par s'éteindre ; la toiture fit entendre un craquement sourd et s'affaissa ; il ne resta plus du château

d'eau qu'une façade meurtrie par les armes et
qu'un tourbillon de fumée qui vomissait des étin-
celles sur les maisons voisines. Du sein de la forte-
resse en flammes on entendait encore la voix des as-
siégés qui, exaltés par l'enivrement d'une défense
héroïque, chantaient en expirant : *Mourir pour la
patrie...* Le soir de ce triste jour qui avait vu tomber, des deux côtés des combattants, tant de courageux enfants d'une même patrie, on ne retrouva
plus dans les décombres de l'édifice que des frag-
ments humains sous des monceaux de charbon.

La foule qui s'était acharnée à vouloir enlever
le poste du château d'eau se rua ensuite sur les
Tuileries, pour porter le combat devant cette dernière redoute de la royauté ; mais il n'était plus
besoin de combattre, depuis une heure déjà le
château était au pouvoir du peuple.

Voici ce qui s'était passé.

Il y avait dans l'intérieur des grilles à peu près
trois mille hommes d'infanterie, six pièces de canon en batterie et deux escadrons de dragons,
sans compter les gardiens armés et quelques
gardes municipaux ; cette force, protégée par la
grille et l'artillerie, pouvait, si elle était attaquée
sur cette large place, livrer une sanglante bataille ;

les troupes se tenaient l'arme au pied, le silence
n'était interrompu que par le déchirement de la
fusillade du château d'eau. On venait d'apprendre
que six légions de la garde nationale cernait le
château et que d'autres étaient en marche. Le
combat était imminent. Ce fut alors qu'un lieutenant de la cinquième légion s'avança résolûment
vers la grille et demanda à parler au commandant
des Tuileries. Le commandant le conduisit devant
le pavillon de l'Horloge, où se trouvait le duc de
Nemours, au milieu d'un groupe de généraux :
« Monseigneur, lui dit-il, si le château n'est pas
évacué à l'instant même et remis à la garde nationale, un combat terrible va s'engager. » Le duc
de Nemours se consulte un instant avec son état-
major. L'ordre de retraite est donné.

L'artillerie file par la grille du Palais-Royal, le
duc de Nemours et l'état-major se retirent par le
pavillon de l'Horloge et descendent à cheval l'escalier qui mène au jardin. La cavalerie les suit,
puis l'infanterie. La retraite se fit avec tant de
précipitation qu'on oublia de relever les postes de
l'intérieur. Alors la garde nationale pénètre dans la
cour des Tuileries, la crosse en l'air ; le peuple se
précipite à sa suite et se rue, ivre des fumées du

combat, sur ce palais dont il avait déjà chassé, en une vie d'homme, trois dynasties. Il passe comme un coup de tonnerre, foudroyant tout sur son passage ; les vases, les glaces, les lustres, les velours, les rideaux de soie, il brise ou déchire tout. Mais au milieu de cette dévastation générale on remarque encore un certain respect extérieur pour la propriété nationale. Des papiers sont sur des tables, des vêtements sur des chaises ; il les broie et les jette avec les meubles par les fenêtres. Pour lui, tout ce décor est la royauté matérialisée ; il brise l'idée dans la chose. Puis, comme l'idée bouffonne est toujours au fond des événements les plus graves, le fameux jeu du trône, commencé en 1830, se continue en 1848. Chacun monte à son tour sur le fauteuil de velours à torsades d'or, s'y installe, dit son mot et cède la place à un autre. Pendant que la royauté se sauve dans une voiture de louage, on joue au roi détrôné dans la salle où se trouvait le trône. Tout à coup une décharge retentit, c'est le buste de Louis-Philippe qui vole en éclats. La royauté vient d'être exécutée en effigie. Il faut le dire pourtant, le torrent s'arrêta devant de certains souvenirs : les portraits de la reine Amélie, de la duchesse

d'Orléans et du prince de Joinville furent respec-
tés ; ceux des autres membres de la famille furent
lacérés. Dans la salle des Maréchaux, on déchira
les figures en pied du maréchal Soult et du maréchal Bugeaud. Le tableau qui représentait le maréchal de Grouchy reçut un coup de baïonnette.
L'histoire, plus juste que le peuple en colère, gué-
rira une blessure imméritée, en même temps
qu'elle fera disparaître les calomnies qui ont pro-
voqué cette cicatrice populaire.

« Le peuple de Paris a une philosophie gouail-
leuse qui se fait jour dans toutes les occasions, dit
un journal du temps. Pendant que la foule assou-
vissait sa fureur sur cette demeure toute vivante
encore de ses hôtes, l'auteur de ces lignes, qui
était entré dans ce palais en curieux, pour assister de près à ce spectacle, aperçut, couché sur la
balustrade d'une fenêtre de la salle des Maréchaux,
un homme en blouse qui fumait tranquillement sa
pipe, sans s'embarrasser autrement de ce qui se
passait autour de lui. « Savez-vous pourquoi, me
dit-il en me regardant avec un sourire sceptique,
je suis venu m'installer sur la balustrade de cette
fenêtre? C'est que je me suis rappelé, en arrivant,
que j'avais déjà fumé à la même place en 1830. A

tous les branle-bas je viens fumer ici ; c'est mon privilége. Ne le dites pas aux autres ; à la prochaine révolution, des intrigants pourraient prendre ma place. »

Le soir de ce même jour il y eut bal aux Tuileries ; le peuple, qui dans la journée avait déchiré le trône et lacéré le dais royal, dansa sous les lambris, au son du piano de la duchesse de Nemours, pendant que des gens mieux avisés montaient déjà à l'assaut des places. On assure que ce fut le fils d'un ancien ministre de Charles X qui dirigea l'orchestre. On remarquait sur toutes les glaces des galeries, des salons, des grands appartements, tracée en gros caractère, au crayon blanc, cette inscription menaçante : *Les voleurs sont punis de mort.* Malgré cette terrible sentence de mort, plus d'une infidélité fut commise par des envahisseurs ; mais une justice sommaire fut faite de ceux qu'on surprit en flagrant délit : on les fusilla immédiatement, sans miséricorde ni pitié, au pied du pavillon de l'Horloge.

Le peuple, en se retirant, n'emporta qu'un seul meuble, c'était un fauteuil ; ce fauteuil, c'était le trône.

Le trône fut promené triomphalement sur les

4

boulevards, à travers les barricades et au son des tambours battant la charge. Il était escorté d'une foule de combattants portant presque tous quelques oripeaux arrachés aux tentures des appartements. Arrivé au pied de la colonne de Juillet, le cortége brûla solennellement le trône aux cris de Vive la république !

X

Proclamation de la république. — Gouvernement provisoire.

Pendant que ces choses se passaient au dehors et sur la place publique, la proposition qu'avait faite M. Marie de créer un gouvernement provisoire, et qui avait été accueillie avec acclamation, était mise à exécution, et on avait décidé la nomination de ce gouvernement provisoire. Quand il s'agit de le nommer, ce gouvernement provisoire arrêté en principe, un grand nombre de prétentions surgirent, différents groupes se formèrent et nommèrent leurs candidats. Quatre gouvernements furent ainsi constitués. Le premier à la chambre des députés, le second dans les bureaux du *National*, le troisième dans l'une des salles de l'hôtel de ville, le quatrième à la préfecture de police. Ce dernier était l'œuvre des sectionnaires des droits de l'homme. Ces quatre gouvernements se rencontrèrent face à face à l'hô-

tel de ville et, après quelques instants de luttes et
d'hésitation, se confondirent dans un même gouvernement.

Après leur lente et laborieuse fusion, les membres
du gouvernement provisoire voulaient se retirer à
l'écart pour se constituer et délibérer, et aviser
aux affaires urgentes que commandait la situation.

Mais rien n'était fait encore ; un cinquième gouvernement s'organisait à côté de celui qui venait
de se constituer si difficilement ; des hommes qui
n'avaient point pris part à la nomination de ce
gouvernement en voulaient composer un de leurs
amis. C'était le cinquième, qu'une fraction de la volonté populaire voulait former depuis la chute de
la royauté. Il fallait conjurer ce danger qui tendait à éterniser l'anarchie. M. de Lamartine, après
d'incroyables difficultés, parvient à pénétrer dans
cette salle où s'agitaient les passions les plus violentes. Il parle d'abord en vain ; cependant, à force
de courage et d'énergie, il finit par dominer le tumulte, sa parole éloquente remua la foule et la
calma.

Il put ainsi rentrer dans la salle du conseil,
porté sur les bras des combattants, qui, après l'avoir presque repoussé, le ramenaient dans la salle

du conseil presque en triomphe. Cependant il restait à vaincre une dernière difficulté, c'était d'affranchir la salle des délibérations des envahissements continuels qui s'y succédaient et empêchaient de prendre une délibération sérieuse. Comme il ne pouvait y parvenir, après s'être retiré de salon en salon, toujours poursuivi par d'importuns amis, il finit par s'établir dans une petite chambre au second, où il put enfin prendre possession de sa souveraineté et délibérer loin du bruit de ces portes qui cédaient à tout instant sous les efforts de masses sans cesse renaissantes. C'est là que commença cette première séance du gouvernement provisoire appelée depuis séance de *soixante heures.*

Le soir de ce même jour à jamais mémorable, toute la population parisienne était transformée en soldats : jeunes et vieux, riches et pauvres montaient la garde aux portes des monuments publics, défendus de la fureur populaire par cette inscription : *Propriété nationale.* On disait alors que M. Thiers avait monté la garde à la porte de la chambre des députés. Le combattant du matin était devenu, le soir, le défenseur de l'ordre public.

Dans la soirée du 22, des feuilles imprimées,

4.

répandues à profusion, proclament la composition du nouveau gouvernement.

Ce gouvernement provisoire nomma pour président le vieux Dupont de l'Eure; il avait près de quatre-vingts ans. Cet étrange personnage, qui dans sa longue vie avait vu la société se renouveler dix fois et plusieurs changements de gouvernements, était demeuré fidèle aux convictions de sa jeunesse. C'est précisément parce que, depuis sa jeunesse, il n'avait pas changé, qu'on le choisit pour chef de cette république nouvelle qui avait été le rêve de sa vie (1).

M. de Lamartine choisit le ministère des affaires étrangères. Personne mieux que le grand poëte, en même temps grand seigneur, n'était en position de représenter la république française auprès des puissances européennes. Au milieu de ce bouleversement social qui pouvait compromettre tant d'intérêts légitimes, il était considéré par l'immense majorité comme la véritable expression de l'ordre dans la liberté, ainsi que l'a défini un de ses historiens.

Ce nouveau ministre des affaires étrangères sem-

(1) Ce choix était malheureux, car la république avait besoin qu'on lui infiltrât du sang jeune pour assurer sa vie dans l'avenir.

blait l'âme et la parole, le cœur et le bras de cette
ré" ublique naissante.

M. François Arago, cette grande illustration scien-
tifique, cette éclatante notabilité littéraire, fut appelé au ministère de la marine. Cet homme supé-
rieur, d'une véritable valeur, l'une des gloires de
la France, qui, lui aussi, avait toujours professé
des opinions républicaines, et qui jamais n'avait
cessé de jouir de la réputation d'une probité politique incontestable, ne pouvait être vu qu'avec faveur sur la liste des membres du gouvernement
provisoire.

Un israélite de religion, M. Crémieux, avocat et
député, qui avait toujours voté avec l'opposition,
fut chargé du portefeuille de la justice et garde des
sceaux.

L'important ministère de l'intérieur fut rempli
par M. Ledru-Rollin.

M. Ledru-Rollin, le plus ardent et le plus fou-
gueux républicain, qui, dans les derniers temps
du gouvernement déchu, avait été le tribun de l'extrême gauche, l'expression violente du radicalisme,
représentait, dans ce gouvernement provisoire, le
parti du mouvement comme homme pratique. L'o-
pinion publique n'était pas favorable au nouveau

ministre de l'intérieur, elle redoutait sa participation aux affaires. L'opinion publique ne se trompait pas ; il ne la justifia que trop. Arrivé au ministère de son banc d'opposition parlementaire, sans transition, il n'avait pas eu le temps de se préparer à la pratique des affaires : aussi l'accuse-t-on d'avoir arrêté la révolution dans sa marche modérée et progressive. La conduite de ce ministre improvisé, qui du reste ne pouvait avoir que de bonnes intentions, prouve qu'au début d'une révolution, ce qui ordinairement manque, ce sont des hommes de gouvernement. Les vrais hommes d'État ne se forment qu'avec le temps et par l'expérience.

M. Marie, le député qui le matin, à la chambre, avait porté le premier coup à la régence par sa motion d'un gouvernement provisoire, entra au ministère des travaux publics.

Orateur à la parole facile et claire, nature bonne, droite, douce et conciliante, mais manquant, on le disait, de cette force d'âme, de cette vigueur et de cette énergie dont les hommes qui sont au pouvoir ont tant besoin, surtout en temps de révolution. Dans le gouvernement provisoire, il représentait l'opinion du parti modéré, qui seule peut assurer le triomphe d'un gouvernement quel qu'il soit.

Il ne nous serait pas possible, sans sortir des limites dans lesquelles nous devons nous renfermer, de caractériser chacun des membres de ce gouvernement improvisé, sorti d'une tempête populaire, et dont quelques-uns ne se connaissaient pas la veille du jour qui les réunissait pour diriger sur une mer inconnue le vaisseau de la France. Mais il n'est personne qui ne tienne à connaître leurs noms, qui tous avaient une notoriété plus ou moins considérable, excepté l'ouvrier Martin dit Albert, qu'on fit entrer dans ce gouvernement pour y représenter l'élément populaire.

Aux grands noms que nous venons de citer nous devons donc ajouter ceux de MM. Garnier-Pagès, sur lequel la renommée de son frère avait appelé l'attention. Cependant, quoiqu'il n'eût pas la parole brillante et facile de son frère, il ne manquait ni de talent, ni de mérite. Nous devons ajouter qu'il n'était pas moins considéré que lui comme un parfait honnête homme.

En même temps que membre du gouvernement, il fut nommé maire de Paris. Création erronée dans les nouvelles conditions administratives de la France et qui n'était qu'une mauvaise parodie de la première république.

M. Carnot, ministre des cultes et de l'instruction
publique. Fils du grand Carnot, élevé par lui dans
l'exil et dans ses principes, il rentra en France
peu de temps avant la révolution de 1830. Il fut
l'un des plus ardents disciples de Saint-Simon ;
mais il se sépara de la société quand on voulut en
faire une secte. Élu député, il siégea constamment
sur les bancs de l'opposition.

Ferdinand Flocon, membre secrétaire du gouvernement provisoire, était l'un des écrivains les
plus avancés de la presse radicale.

M. Louis Blanc, homme jeune, belle intelligence,
parole élégante, instruction variée, mais esprit para-
doxal, réunissant en lui les doctrines socialistes les
plus dangereuses des plus mauvaises écoles. Une
fois que le gouvernement provisoire se fut un peu
assis, on envoya M. Louis Blanc au Luxembourg
pour y organiser le travail, surtout les ateliers nationaux. Il y fit des conférences dans lesquelles il
s'appliquait à enseigner ses doctrines et ses théo-
ries aux ouvriers, afin de les faire pénétrer au milieu des masses.

M. Armand Marrast, ancien professeur, fonda-
teur de la *Tribune*, l'un des rédacteurs les plus
brillants du *National*, dont il avait conquis la ré-

daction en chef par la vigueur de sa logique et
l'éclat de son style, fut nommé membre et secrétaire du gouvernement comme Louis Blanc et Flocon. Plus tard il remplaça Garnier-Pagès à la mairie
de Paris.

M. Michel Goudchaux, israélite ainsi que M. Crémieux, était banquier quand on vint le prendre
pour en faire un ministre des finances de la république, parce que depuis longtemps il s'était fait
remarquer par ses principes républicains. Il avait
été pour le gouvernement de Louis-Philippe ce que
Jacques Laffitte avait été pour celui de la restauration. Il passait pour un habile financier.

M. Bethmont, avocat d'une certaine renommée
fut appelé au ministère du commerce.

Le général Subervic, vieux soldat du premier
empire, qui à la chambre des députés avait toujours été de l'extrême opposition, fut chargé du
ministère de la guerre. Ce général, qui sur les
champs de bataille s'était couvert de gloire, n'était
nullement orateur, et s'il avait le courage qui
frappe, il n'avait pas l'autorité qui assure le
succès.

Le gouvernement provisoire fut donc ainsi composé de onze membres, en outre de quatre mi-

nistres, MM. Goudchaux, des finances; Bethmont, du commerce; Carnot, de l'instruction publique et des cultes, et le général Subervic, de la guerre.

En réalité, le gouvernement se composa de quinze noms, dont quatre secrétaires.

Dès le soir du 24 février, la liste de ces noms circulait dans Paris. Pendant qu'on assiégeait les vendeurs de journaux pour connaître le nom des nouveaux gouvernants de la France, l'agitation diminuait autour de l'hôtel de ville et dans l'intérieur de l'édifice. Les membres du gouvernement avaient pu venir reprendre leurs places dans la grande salle que, deux heures auparavant, la foule leur disputait avec tant d'acharnement. Aussitôt après leur départ, cette même foule s'était dissipée d'elle-même.

Pendant la nuit du 24 au 25 février, le nouveau gouvernement commençait l'exercice de son autorité et formulait coup sur coup les premiers décrets de la république.

Maintenant que le gouvernement est organisé, nous retournerons aux Tuileries, l'occasion et le principal objet du présent écrit.

XI

Séjour et sortie d'une partie des envahisseurs.

Nous avons dit comment, après la fuite du roi
des Français, le peuple s'était emparé du palais,
siége du gouvernement. Quand les combats furent
terminés, on fit évacuer ce palais pour que le gouvernement provisoire en reprît possession, lorsque
le temps en serait arrivé et s'il y avait lieu. Mais
plusieurs centaines des envahisseurs s'y étaient
installés.

Cette bande improvisée s'était donné des chefs
et s'était arrogé le droit de faire personnellement
le service intérieur de la demeure des chefs du gouvernement.

La première agitation passée, l'heure arriva de
lui substituer une garde régulière. Mais alors des
bruits les plus étranges circulèrent dans Paris : on
disait que ces hommes pillaient les Tuileries depuis
leur installation, refusaient obstinément d'évacuer
le château et avaient déclaré qu'ils mettraient le feu
à l'édifice plutôt que de le livrer à la garde nationale
mobile, par laquelle on voulait les remplacer.

5

Il y avait une grande exagération dans ces bruits; car s'il y avait eu des infidélités commises par des hommes dont la probité n'était point à l'abri d'une tentation à laquelle il était si facile de succomber, la grande majorité de ces turbulents enfants du peuple ainsi réunis n'avait cependant nullement perdu le sentiment de la probité; d'ailleurs ils se surveillaient les uns les autres, et les infidélités dont il a été question n'ont jamais été que des infractions de détail; et quand il s'est agi de valeurs importantes, on les a tous trouvés réunis dans un même sentiment de conservation. Nous n'en voulons pour preuve que la conservation des diamants que l'on présumait être ceux de la couronne, et des objets d'art d'un grand prix, qu'ils renfermèrent dans quatre grandes armoires et remirent fidèlement à MM. Jules Bastide, Bixio et Hetzel, commissaires du gouvernement provisoire, envoyés aux Tuileries pour réclamer ces objets précieux.

Pour faire sortir ces richesses immenses et les mener sans encombre au trésor national, la tâche ne paraissait pas facile. Mais ils s'y prêtèrent de la meilleure grâce du monde. Un caisson fut préparé, et, pour assurer son transport, les délégués s'adressèrent aux hommes du peuple, maîtres des Tuileries, et leur demandèrent une escorte pour accompagner ces millions. Le caisson arriva à sa destination.

La peur ou la malveillance avait répandu ces bruits. Voici ce qui était arrivé.

Un détachement de garde nationale mobile était venu aux Tuileries pour renforcer les postes. Les hommes du peuple supposèrent qu'on voulait les expulser du château; de là grande rumeur et déclaration faite par eux qu'ils entendaient ne pas abandonner leur poste. Du reste, rien dans leur langage ni dans leur tenue n'annonçait l'intention de résister à l'autorité. Cependant on avait prévenu le ministre de l'intérieur de ce qui se passait aux Tuileries; il s'empressa de s'y rendre. Là il tint à ces hommes presque fanatisés le langage de la persuasion, et tout finit par s'expliquer. Les gardiens volontaires du château déclarèrent qu'ils étaient prêts à céder le poste à la garde qui serait désignée par l'autorité, en ajoutant qu'ils ne sortiraient pas immédiatement, comme on le leur demandait pour ne pas avoir l'air d'être mis dehors.

Parmi les envahisseurs du palais des rois il y avait des hommes de toutes les conditions, de tous les états, de tous les âges, de toutes les professions; mais une chose digne de remarque, c'est que, quand il s'agissait de patriotisme, on trouvait chez tous les mêmes sentiments et le même dévouement.

Il fut alors convenu que le 9 mars à midi, la garde montante reprendrait le poste qu'ils s'empresseraient de lui céder. Cependant quelques-uns demandèrent à rester encore quelques jours dans le palais. L'autorisation leur fut accordée, à la condition toutefois qu'ils ne monteraient pas dans les étages supérieurs. Ils y souscrivirent sans difficulté.

Un fait digne d'être signalé, c'est qu'avant d'avoir fait leur soumission, autant ces hommes décidés s'excitaient les uns les autres à la résistance, autant, après qu'ils y furent résolus, ils montrèrent de calme et de tranquillité.

Un sentiment généreux qui surtout les honore avait vivement remué leurs cœurs. On leur fit observer que parmi eux il y avait dix-neuf blessés, et que s'ils prolongeaient leur opposition, personne ne viendrait les secourir, et qu'ainsi ils s'exposeraient à se faire les bourreaux de leurs frères. Quand même leur parti n'eût point été pris d'ailleurs, cette seule considération eût été suffisante pour les désarmer.

Personne n'a jamais été plus fidèle à sa parole que ces hommes attardés dans la demeure des sou-

verains. Au jour et à l'heure fixés, le palais fut complétement évacué par les combattants rangés en
bataille dans la cour. Ils furent passés en revue
par le général Courtais et le commandant militaire
du palais ; ils s'en éloignèrent, tambour en tête, et
se dirigèrent vers l'hôtel de ville.

Tous les postes rendus par ces militaires impro-
visés ont été trouvés en bon ordre ; c'était la meilleure réponse qu'ils pussent faire aux bruits alar-
mants que l'on avait répandus dans Paris sur leur
compte.

La plus grande partie de ces volontaires libres et
indépendants s'engagèrent dans la garde mobile.
Le même jour, le jardin des Tuileries, qui depuis le
24 février avait été fermé, se rouvrait à la foule ;
la blouse et la casquette se promenaient fièrement
dans ces allées qui leur étaient interdites sous la
monarchie. Les enfants, accompagnés de leurs
mères et de leurs bonnes, se hâtaient aussi de revenir dans ce lieu privilégié de leurs récréations.
Voyant leurs pères armés, ils s'empressaient de les
imiter : affublés de casques en papier, ils brandis-
sent des sabres et se couchent en joue avec des
sarbacanes ; ils font des patrouilles, placent des
sentinelles et veillent au salut de la patrie.

XII

Blessés demeurés au milieu des envahisseurs. — Proposition faite par M. Leroy d'Etioles de changer la destination des Tuileries et d'en faire un Hôtel des Invalides civils. — Translation des blessés à l'Hôtel des Invalides civils.

Plusieurs jours avant l'évacuation des Tuileries, comme on savait qu'au milieu de cette armée d'occupation d'une espèce nouvelle il se trouvait des blessés abandonnés à leurs seuls camarades, on comprenait qu'ils ne pouvaient être soignés avec l'intelligence dont ils devaient être entourés. Plusieurs personnes charitables tentèrent de pénétrer jusqu'à ces malheureux étendus sur leurs lits de souffrance... Mais, en raison de l'état dans lequel on avait placé le palais, de la surveillance qu'on y exerçait tant à l'intérieur qu'à l'extérieur, de la défiance qui régnait de part et d'autre, rien n'était plus difficile que d'y pénétrer. Cependant il vint un moment où la nécessité permit de l'aborder. M. le docteur Leroy d'Etioles, non moins bon chirurgien qu'excellent spécialiste, fut le premier qui fut autorisé à arriver jusqu'à ceux auxquels les secours d'un médecin étaient si nécessaires, pour leur donner ses soins éclairés.

Ce bienfaisant docteur eut non-seulement l'assentiment du gouvernement provisoire, mais il en reçut de vives félicitations.

Malgré les assurances et les protestations de ceux au milieu desquels il se trouvait, sentant qu'autour d'eux, et surtout au dehors, il ne cessait d'y avoir une grande agitation et une effervescence mal contenue, M. le docteur Leroy d'Etioles proposa au gouvernement provisoire de donner au palais des Tuileries une toute autre destination que l'habitation de la cour, et de le consacrer au service des blessés, et plus tard à un asile de retraite aux infirmes et aux vieillards des travailleurs du peuple.

Le gouvernement saisit immédiatement la portée de la proposition, l'accepta et la mit à exécution. Le jour même où il arrêtait cette mise à exécution, les immenses galeries et les nombreux salons du palais des rois, siége de leur gouvernement, furent transformés en salles d'hôpital, et bientôt après on lisait, écrite en gros caractères, sur la façade prin-

cipale et sur celles qui étaient le plus en évidence,
cette inscription heureusement trouvée : *Hôtel des
invalides civils*. Nous disons heureusement trouvée
parce qu'elle fit respecter le palais qu'on disait menacé de pillage, même d'incendie. Or personne
n'ignore qu'en temps de révolution, de pareils
bruits ne se réalisent que trop souvent.

On devait à M. Leroy d'Étioles la transformation
du palais en hôpital destiné au service médical ; ce
fut encore à lui qu'on dut cette inscription préser-
vatrice.

Les premiers blessés admis dans l'Hôtel des invalides civils furent ceux qui n'en étaient pas sortis.
Plusieurs blessés qui avaient été recueillis dans des
maisons particulières y furent ensuite transportés
directement. Peu de temps après, une notable partie
de ceux dont regorgeaient les hôpitaux des différents quartiers de Paris y furent conduits et installés dans de bons lits.

Le service de cette ambulance aristocratique
était devenu très-important et ne pouvait être confié
à des mains vulgaires. M. le docteur Leroy d'Étioles,
qui le premier avait donné ses soins aux blessés
maîtres des Tuileries, proposa d'appeler pour ce
service intéressant les sœurs gardes-malades de

Bon-Secours, de la rue Notre-Dame des Champs. La proposition fut acceptée sans observation, et les bonnes sœurs furent introduites dans l'*hôtel des invalides civils* (1).

Ces saintes filles, dont la vie se passe à soulager l'humanité souffrante, furent accueillies avec des témoignages de respect et de gratitude par plusieurs membres du gouvernement provisoire qui étaient venus pour les recevoir et les installer, par le commandant militaire, par le directeur de l'Hôtel des invalides civils, M. Lefebvre, par MM. les chirurgiens en chef Leroy d'Étioles d'abord, ensuite par MM. Deguise et Richet, qui lui avaient été adjoints aux mêmes titres et qualités que lui, ainsi que par les jeunes aides, élèves des hôpitaux et de l'Ecole de médecine. Ces admirables servantes des malades, ayant à leur tête l'intelligente sœur Sainte-Marie de la Visitation, furent surtout saluées affectueusement, pour leur bienvenue, par ceux auxquels elles venaient donner des soins inspirés par l'amour de Dieu. Tous comprenaient que dans les circonstances déplorables où l'on se trouvait

_____

(1) Les religieuses de Bon-Secours de la rue Notre-Dame des-Champs sont les premières établies en France pour cette grande œuvre de charité.

5.

et où il y avait si peu de sécurité, il fallait à ces saintes filles un grand courage et un profond sentiment de religion pour se dévouer comme elles le faisaient. Ils leur en savaient d'autant plus de gré.

A peine arrivées, elles se mirent à l'œuvre avec cet esprit de charité qui leur est propre et avec cette expérience qu'une longue habitude des malades et une pratique soutenue peuvent seules donner.

Elles eurent bientôt préparé les remèdes et médicaments ordonnés par les médecins, les linges à pansement, les charpies, les bandes nécessaires pour contenir les ouvertures des plaies, les fermer et aider à les cicatriser. Tout le service, en un mot, fut on ne saurait plus rapidement et mieux organisé par ces excellentes messagères du bon Dieu : aussi tout le monde les traita avec la plus respectueuse convenance. Quand il s'est agi de les loger, on les installa chacune dans une des chambres des princesses, mettant à leur disposition les pièces voisines dont elles pourraient avoir besoin.

XIII

Passage des élèves de Saint-Cyr à l'Hôtel des Invalides civils, au milieu de la nuit.

Quand le travail de la première journée fut terminé et que tous leurs blessés, pansés et soignés, n'eurent plus besoin d'elles, elles se retirèrent dans les chambres qu'elles s'étaient elles-mêmes choisies parmi celles qu'on avait mises à leur disposition. Mais elles eurent soin de ne pas quitter leurs vêtements, afin d'être constamment prêtes en cas d'événement. Cette précaution ne fut pas inutile, car, vers minuit, on entendit un grand bruit dans les étages inférieurs; on eût dit que c'était une tentative d'invasion. En effet, le directeur civil était aux prises avec une troupe nombreuse qui voulait pénétrer dans le palais. Mais loin d'être ennemie, cette troupe bruyante n'était autre qu'un détachement considérable de l'école de Saint-Cyr qui se présentait pour protéger et, en cas de besoin, pour défendre les Tuileries. Leurs services étant devenus inutiles, on leur pré-

para des lits de camp dans les salles des gardes et
dans celles des officiers ; mais ils ne voulaient pas
s'en contenter et prétendaient s'emparer des lits
destinés aux blessés. Le directeur civil s'y opposait
et avait jusque-là vainement discuté avec eux.
Mais la sœur Sainte-Marie de la Visitation, effrayée
du bruit qui se faisait dans son voisinage, s'en
étant fait informer, se présenta courageusement
devant cette troupe de jeunes militaires, leur
adressa la parole ; ils l'écoutèrent avec le respect et la bonne tenue de jeunes fils de famille
bien élevés, devant lesquels une femme, surtout
une religieuse, se présente avec des paroles d'a-
paisement et de conciliation. Elle leur fit entendre
raison. Le tapage cessa, et les jeunes serviteurs de
l'ordre, l'espoir de la France, la gloire future de
l'armée, dont quelques-uns sont aujourd'hui de
brillants officiers, peut-être même des généraux
habiles, se retirèrent dans les pièces qu'on leur
avait préparées. Ils y passèrent tranquillement la
nuit, et aux premières lueurs du jour, comme tout
était calme, ils quittèrent le palais pour aller porter leurs services ailleurs.

XIV

Introduction d'un prêtre à l'Hôtel des Invalides civils.

Le lendemain du jour où elles avaient été ins-
tallées, les bonnes sœurs, dès le matin, parurent au
chevet du lit des pensionnaires de l'Hôtel des invalides civils et recommencèrent leur service.
Mais tout en pansant les blessures et les plaies du
corps, elles n'oubliaient pas les intérêts des âmes.
Elles prononcèrent le nom sacré de la religion, et
leurs premières ouvertures furent favorablement
accueillies.

Alors plusieurs prêtres, qui déjà avaient offert
le secours de leur saint ministère et qui se trouvaient dans le voisinage, furent avertis. Animés
d'un saint zèle, ils se présentèrent dans les galeries
et dans les salons transformés en salle d'hôpital.
L'un d'eux, qui fut reconnu pour avoir été jadis
l'un des aumôniers de la reine Amélie, fut repoussé avec menaces; un autre, qui avait été, avec

plus ou moins de vérité, indiqué comme appar-
tenant à la société des jésuites, eût été exposé à
être maltraité s'il ne se fût également retiré sans
insister.

Cependant quelques-uns des blessés étaient gravement malades ; un, entre autres, paraissait dans
un danger prochain : effectivement il mourut quelques jours après.

La sœur Sainte-Marie de la Visitation conseilla
à ceux dont la position était plus grave de recevoir la visite d'un prêtre.

Plusieurs des blessés qui avaient été à la Charité
et auxquels, en vertu de notre saint ministère,
nous avions rendu des visites à leur lit de souffrance, demandèrent à nous voir et chargèrent la
bonne religieuse de nous inviter à venir.

C'est avec le plus vif empressement que nous
nous sommes rendu à l'appel qui nous était fait de
la part de malades très-intéressants en eux-
mêmes, mais qui nous étaient déjà chers par les
rapports que nous avions eus avec eux.

Comme nous nous présentions non-seulement
avec leur agrément, mais appelé par eux, l'accueil
qu'ils nous firent fut des plus sympathiques pour
nous. Cependant, la première démarche faite, nous

n'avons pas voulu en continuer de nouvelles, dans
les circonstances où l'on se trouvait, sans en réfé-
rer à l'autorité ecclésiastique et sans avoir son approbation. Quand elle nous eut été donnée, notre
premier soin fut de visiter de nouveau plus particulièrement ceux qui nous avaient été signalés
comme étant en danger. A tous nous adressions
des paroles de consolation et d'espérance, afin de
soutenir leur courage. Nous avons entendu en con-
fession plusieurs des plus malades ; nous les avons
tous trouvés dans les meilleures dispositions ; mais
surtout après qu'ils eurent reçus les secours de la
religion. Nous les avons laissés résignés, pleins de
confiance et de sécurité, et préparés à paraître devant Dieu sans redouter ses jugements.

XV

Comparaison des nouveaux habitants du palais des Tuileries avec les anciens.

L'inauguration de l'Hôtel des invalides civils était donc déjà faite et le palais des Tuileries transformé et préparé pour sa nouvelle destination. Dans ces galeries splendides, à l'embellissement desquelles tous les arts, sculpture, dorure, peinture, avaient concouru avec un égal succès, on voyait une population complétement différente de celle que leur grande position y faisait admettre jusque-là. Dans ces admirables salons aux magnifiques ameublements, il n'y avait plus que de pauvres blessés frappés dans une lutte fratricide.

Les grands dignitaires de la couronne, les hauts personnages de l'État, les fonctionnaires arrivés aux premiers emplois du gouvernement, qu'on voyait, aux jours des réceptions solennelles, se presser autour du trône, dans l'espoir d'en obtenir quelques grâces, faveurs ou avantages, soit dans

leur intérêt personnel, soit pour leurs parents ou
pour leurs amis, ne cherchent plus à y pénétrer,
car leur souverain, hier distributeur des grâces et
tout-puissant, n'est plus aujourd'hui qu'un prince
déchu qui n'a plus d'autorité, exilé, malheureux !
Quel incroyable changement de destination cette
résidence *royale* depuis des siècles, vient de subir
en si peu de temps !

Mais dans la poitrine de ces humbles enfants du
peuple qui avaient remplacé les riches, les puissants, les grands dignitaires chamarrés de décora-
tions, croix ou rubans, combien n'y avait-il pas
de nobles cœurs animés des généreux sentiments
de l'honneur et de la vertu ! Non certes ce ne
sont pas les habits brodés qui font l'homme
de bien ni le citoyen digne d'estime et de considération !

XVI

Négociation pour la messe aux Tuileries. — Salle du Trône choisie pour chapelle provisoire. — Le christ solennellement transporté à Saint-Roch au moment de l'envahissement des Tuileries est rapporté aux Tuileries.

A l'approche du dimanche qui suivit l'installation première des blessés aux Tuileries, les religieuses eurent la pieuse pensée d'y faire célébrer le saint sacrifice de la messe en faveur de tous ceux qui y avaient été transportés. Dès le vendredi précédent, afin qu'on eût le temps de faire des préparatifs, ces bonnes sœurs leur en firent la proposition avec une sorte d'appréhension ; mais ce fut avec une véritable acclamation que tous répondirent affirmativement à cette proposition. Leur empressement était d'autant plus grand qu'indépendamment de l'accomplissement du devoir ils croyaient témoigner ainsi leur reconnaissance aux sœurs qui les avaient si bien soignés, en faisant un acte qui leur serait agréable. Tant il est vrai que dans le

cœur des hommes du peuple souvent on rencontre
les sentiments les plus nobles et les plus délicats
de reconnaissance et de générosité.

On trouvera peut-être que ces sentiments n'auraient pas dû être le motif principal de la demande
d'une messe. C'est vrai; mais le peuple, auquel l'instruction manque, confond souvent les principes avec
les sentiments, et agit en conséquence de ce qu'il
éprouve, sans se rendre compte de la cause de ses
actions.

Lorsque la messe fut décidée, on ne doutait pas
que, sur la demande des intéressés, qui s'étaient
prononcés si énergiquement, on n'accordât l'autorisation sans observation ni difficulté de la part
des chefs. On s'était trompé.

Il s'est rencontré un homme revêtu d'autorité un
commandant militaire, qui voulait s'y opposer.
Heureusement que le général de Courtais, si diver-
sement jugé dans ces temps-là, s'était présenté
pour une inspection ; jugeant la demande des blessés dans un sens bien différent que ne l'avait fait le
dit commandant militaire, n'accorda pas seulement
l'autorisation , mais encouragea ceux qui la lui
adressaient à demeurer dans ces idées et dans ces
sentiments.

Une fois que toutes les difficultés administratives eurent été levées, il s'en présenta une d'un tout autre genre. La chapelle était encombrée de débris de toutes natures, et plusieurs journées de travail n'auraient pas suffi pour en déblayer les décombres. Quelle salle choisir ? L'un de ceux qui avaient montré le plus de zèle proposa la *salle du Trône*. Cette proposition réunit le suffrage de tous. Les religieuses et nous, nous fûmes du même avis, ainsi que les autorités civiles, qui donnèrent leur consentement sans observation.

Lorsque le local qui devait servir de chapelle eut été arrêté, il fallait obtenir la permission de l'autorité ecclésiastique.

Nous avons profité de cette occasion pour aller rendre compte de ce que nous avions fait et de ce qui se passait aux Tuileries, à Mgr Affre, ce généreux archevêque martyr qui, peu de temps après, en allant remplir une mission de paix, fut frappé d'une balle parricide sur l'une des barricades dressées à l'entrée du faubourg Saint-Antoine. Mais nous qui connaissons les habitants du faubourg Saint-Antoine, au milieu desquels nous vivons, nous sommes convaincu que cette balle, sans doute égarée, n'a pas été lancée par la main de l'un

de ces travailleurs infatigables. Leurs opinions sont
ardentes; mais ils sont d'honnêtes gens, presque
tous des artistes dignes d'estime et de confiance.

Pour célébrer les saints mystères dans la salle
du Trône, où il ne restait plus que quelques lambeaux de l'ancienne splendeur des riches draperies
qui la décoraient, il était nécessaire de la bénir
cette chapelle improvisée. Mgr Affre nous accorda
à nous personnellement l'autorisation nécessaire
en pareille circonstance. Il nous adressa même, en
nous l'accordant, des paroles pleines de bienveillance pour ce qu'on lui avait dit que nous avions
fait à l'Hôtel des invalides civils, et nous encouragea à continuer de remplir la si délicate mission de
leur aumônier.

La célébration de la messe dans la salle du Trône
nous parut un fait si grave que nous n'avons pas
eu le courage d'en prendre la responsabilité sur
nous seul, aux yeux du monde, et afin de partager
en quelque sorte cette responsabilité vis-à-vis de
nos contemporains et de la postérité, nous avons
prié Mgr Affre de charger M. le curé de la paroisse,
ou tout autre, de donner la bénédiction nécessaire.
Monseigneur désigna l'abbé Morel, alors curé de
Saint-Roch.

M. l'abbé Morel, cet estimable et savant prêtre, artiste non moins habile que théologien profond et orateur éloquent, accepta la proposition qui était faite. Muni de l'autorisation de Mgr l'archevêque, il vint en toute simplicité bénir cette chapelle extraordinaire. Dans ce nouveau sanctuaire, un autel fut instantanément improvisé sur l'immense cheminée qui séparait alors la salle du Trône de la galerie de Diane. Cet autel fut dignement décoré par les bonnes sœurs.

Afin de donner, s'il eût été possible, une solennité plus grande et tout à fait exceptionnelle, nous serions tenté de dire un cachet tout particulier à cette messe dite dans un semblable endroit et devant une assemblée pareille, la pensée nous vint de faire rapporter aux Tuileries le christ qui, au milieu de l'agitation fiévreuse du plus fort de la lutte, avait été transporté avec tant de respect à l'église de Saint-Roch, par un élève de l'École polytechnique nommé de Pontelli, escorté d'une foule nombreuse à la tête de laquelle il marchait en disant d'une voix pleine d'assurance : *Faites place, ouvrez le passage ; c'est notre maître à tous.*

Ce christ, devenu historique par le fait de sa première translation, fut effectivement rapporté et placé sur l'autel. C'est en sa présence que fut dite la messe dans la salle du Trône.

L'assemblée était nombreuse et présentait un spectacle des plus imposants. Malades et blessés avaient voulu y assister. Plusieurs membres du gouvernement provisoire, ainsi que les autorités civiles et militaires du palais, s'y faisaient remar- quer par leur attitude respectueuse, et tous les as- sistants par leur bonne tenue.

XVII

Avant la messe, prières pour le gouvernement provisoire. — Allocution prononcée pendant la messe. — Conséquences immédiates de cette allocution.

Avant de commencer la célébration du saint sacrifice, nous avons cru devoir engager tous les assistants à s'unir avec nous afin d'obtenir de Dieu, par l'invocation du Saint-Esprit, pour tous les membres du gouvernement provisoire, les lumières et la force dont ils pouvaient avoir besoin dans les moments difficiles où ils se trouvaient.

« Dans tous les temps, avons-nous dit, les hommes appelés au pouvoir ont eu besoin d'être éclairés et soutenus par le Seigneur pour remplir leur mission, toujours non moins délicate que difficile. Mais à la suite d'une révolution comme celle qui vient d'ébranler le sol de la France jusque dans ses plus grandes profondeurs, si dévoués qu'ils soient, les courageux citoyens qui ont consenti à monter au pouvoir en ont plus besoin que jamais. Aussi, au moment de monter à l'autel, allons-nous réciter tous ensemble l'hymne au Saint-Esprit, *Veni creator spiritus,* afin que les lumières divines les éclairent, que la force d'en haut les soutienne et qu'ils n'usent du pouvoir qui leur a été délégué par la nation qu'avec sagesse et justice. »

Après ces paroles, qui nous avaient été inspirées par la circonstance et qui parurent faire une favorable impression sur cet auditoire si mélangé, nous nous sommes agenouillé au pied de l'autel, et nous avons fait précéder le saint sacrifice de la récitation de l'hymne *Veni creator spiritus.*

Enfin la messe commença au milieu du plus profond recueillement. La salle du Trône et la longue galerie de Diane étaient remplies d'assistants, levés ou couchés sur leur lit de souffrance. Tout le monde paraissait prier ou absorbé dans de sérieuses pensées.

Au moment de l'évangile, nous nous demandions à nous-même si nous devions faire une allocution à cette assemblée si recueillie malgré son grand nombre. Toute réflexion faite, après un moment d'hésitation, nous nous sommes retourné et nous avons adressé à cette importante réunion les

6

paroles suivantes, sur lesquelles, avant de nous
présenter aux Tuileries, nous avions très-sérieuse-
ment médité, et qui sont encore aussi présentes à
notre esprit que si nous venions de les prononcer :

« Citoyens mes frères, ce n'est pas sans éprouver
une profonde émotion que nous vous adressons la
parole dans cette enceinte où nous étions loin de
nous figurer que jamais il nous serait possible d'é-
lever la voix.

« Maintenant, si nous examinons les circonstances graves dans lesquelles nous avons été appelé
à remplir auprès de vous la mission aussi noble
qu'importante qui nous a été confiée, notre étonne-
ment ne peut s'en accroître que davantage.

« Où sommes-nous? Nous sommes ici dans la
salle du Trône, où naguère resplendissait un siége
auguste sur lequel était assis le dernier souverain
du pays, qui ne s'y était jamais senti solidement
installé.

« Cette salle rappelle une infinité de souvenirs
historiques qui intéressent toute la nation. Oui
certes, sur ce trône sont montés d'illustres et fiers
monarques qui ont gouverné la France avec puissance et majesté ; de vaillants guerriers qui l'ont
couverte de gloire et fortifiée, placée à la tête des

nations; de savants législateurs qui y ont fait régner l'ordre et la tranquillité, enfin fleurir les sciences et les arts. Mais à côté de ces grands hommes, combien n'y a-t-il pas de souverains égoïstes qui n'ont pas fait le bien qu'on attendait d'eux, ou qui s'occupaient de leur intérêt personnel beaucoup plus que de celui du peuple, parce que, pour la base de leur gouvernement, ils n'ont pas suivi les enseignements sacrés de l'Évangile !

« Où sommes-nous ? Je le demande de nouveau. Nous sommes dans la salle du Trône, où sont passées tant de générations aristocratiques auxquelles toutes les aristocraties étrangères portaient envie et dont le peuple lui-même était fier, parce que leur splendeur se reflétait sur toute la nation et la relevait aux yeux des autres.

« Mais avant de vous faire une histoire sommaire et rapide de cette salle aux souvenirs importants, de ce qu'elle a été depuis des siècles et de ce qui s'y est passé depuis un temps immémorial, permettez-nous de vous adresser quelques considérations sur les choses et sur les événements qui nous y ont amenés vous et nous.

« L'histoire des peuples nous apprend que lors de ces périodes révolutionnaires qui s'accomplissent à certaines époques, chez toutes les nations, même les plus civilisées, les chefs de l'État courent souvent de grands dangers.

« Chez un peuple en révolution, qui cependant jamais ne se soulève sans y avoir été entraîné, excité ou poussé, tantôt d'une façon, tantôt d'une autre, la manifestation de sa désapprobation, de ses sentiments ou de son indignation est fréquente et presque toujours violente.

« Quand la susceptibilité d'une nation est poussée trop loin, la nation exagère tout. Une faute, une erreur politique deviennent des crimes. Les hommes de toutes les opinions, aveuglés par la violence des haines de parti, par la colère avec laquelle se discutent alors les principes politiques, voient un ennemi dans un adversaire politique, tandis qu'en réalité, des deux côtés, on ne veut que le bien général, que le bonheur du pays ; on soutient son opinion avec acharnement, on veut la faire prévaloir envers et contre tous. Aussi qu'arrive-t-il bien souvent? C'est que des hommes populaires un jour sont impopulaires le lendemain, et peut-être même exposés au poignard de l'assassin ou à la hache du bourreau, chargé de les assassiner juridiquement.

« Ouvrez l'histoire des nations. Que de victimes a faites cette exagération des esprits ! Chaque peuple possède plus ou moins de ces sanglants souvenirs. Les places des palais sont plus d'une fois devenues des places de supplices. La licence l'emporte même quelquefois sur le respect habituel qui protége les autels et la tombe des morts. L'humble tapis de verdure qui recouvre des cendres inconnues souvent offre aux restes mortels d'hommes dont personne ne parle un abri plus assuré que des pyramides et des mausolées scellés sur la dépouille des grands du monde, comme pour défier l'éternité.

« Le calme nécessaire aux bonnes appréciations gouvernementales est la plupart du temps enlevé aux hommes pendant ces périodes de troubles, et toute appréciation exempte de considérations individuelles est rendue à peu près impossible ; car, en présence de danger de mort imminente, il y a peu d'hommes qui poussent la puissance du courage moral jusqu'à faire abstraction du sentiment de leur conservation personnelle.

« Voilà comment, mes bien chers frères, s'explique ce cri incessant des peuples en révolution : *Des hommes ! des hommes !* Qu'on nous donne des hommes ! des hommes nouveaux à la hauteur de la

6.

situation, car la nation sent que les hommes des
époques normales ne lui suffisent plus, qu'ils sont
souvent même dangereux. Le peuple a toujours
délégué et déléguera toujours son autorité. Les
masses ne sauraient gouverner, elles le sentent et le
savent.

« L'histoire ne fait mention d'aucun peuple où la
démocratie, qui est l'expression sublime de l'ensemble du peuple, ne fut pas représentée par une
aristocratie. Gardez-vous de parler cette langue du
sophisme social qui caractérise les utopistes. Gardez-
vous de ressembler en rien à ces docteurs dont le
dogme politique ne repose que sur le raisonnement
abstrait, base de leur conviction, qui les pousse à
vouloir fonder une aristocratie oligarchique com-
posée d'eux seuls, aristocratie plus absolue et plus
intolérante qu'aucune autre puissance. Nous en
avons eu la preuve en 1793.

« Souvenez-vous que Dieu veille sur les peuples
et qu'il leur inspire ce qui est bon, leur fait accep-
ter ce qui est juste, repousser ce qui est mauvais,
et rejeter ce qui est injuste, s'ils veulent écouter la
voix de la religion, les leçons de l'expérience et
surtout le cri de leur conscience, c'est-à-dire de
cette grande voix qui parle intérieurement à tous

les hommes et leur indique ce qu'ils doivent faire et ce qu'ils doivent éviter pour leur plus grand bien. Toute la question gouvernementale et sociale est là.

« Il est donc d'une importance capitale de soutenir les hommes courageux qui consentent à s'atteler au char de l'État d'un peuple en révolution, à moins qu'ils ne le poussent vers des abîmes. Si pour eux le danger est plus imminent, le courage moral, que le sentiment religieux leur inspirera toujours, s'ils savent recourir à Dieu, ne cessera d'être à la hauteur des besoins pour préserver le pays d'épouvantables catastrophes.

« Le lieu dans lequel il nous est donné de vous adresser la parole aujourd'hui, au nom de la religion, mes bien chers frères, nous paraît suffisamment nous dicter, à nous qui vous avons été envoyé au nom de l'Église, le devoir que nous avons à remplir auprès de vous qui y êtes dans l'exercice de votre souveraineté jusqu'au moment où vous l'aurez définitivement confiée à de nouveaux mandataires.

« Nous vous l'avons dit, mes frères, nous vous le répétons, nous sommes ici dans un lieu bien extraordinaire pour le motif de notre réunion. La salle

du Trône, fait unique dans l'histoire de la France
et qui ne se renouvellera peut-être jamais, la
salle du Trône a été momentanément convertie en
sanctuaire religieux où nous sommes assemblés
pour prier. Sur le trône élevé dans cette salle depuis de nombreux siècles se sont assis bien des
souverains plus ou moins puissants, plus ou moins
dignes, qui ont gouverné la France avec plus ou
moins de justice, avec plus ou moins de sagesse,
et peut-être beaucoup trop rarement dans le plus
grand intérêt du peuple. En effet, nous remontons
le cours des âges pour ne citer que les principaux
souverains qui nous sont les plus connus et qui
sont les moins éloignés de nous. C'est ici qu'après
la mort du cardinal de Richelieu, qui avait porté
au pinacle l'absolutisme royal dont il était investi,
parut le cardinal Mazarin, auquel fut confié le soin
d'enseigner au fils de Louis XIII l'art de gouverner le peuple français, dont Dieu l'avait établi
le chef, et qui prépara ainsi le grand siècle de
Louis XIV.

« C'est ici que siégea ce grand monarque qui
obtint le privilége glorieux d'associer son nom
dans la mémoire éternelle de la postérité au souvenir de cette brillante époque. Ce monarque vou-

lut se faire une si parfaite personnification de la
France qu'un jour, enivré de sa puissance, il osa
dire, dans la plus étrange simplicité de sa royale
vanité : *L'Etat, c'est moi.*

« Loin de trouver contre cette incroyable prétention une énergique protestation de la part de ses
contemporains, Louis XIV n'y rencontra qu'une
inexprimable complicité ; mais pour cela cette parole capitale n'en a pas moins été plus tard con-
damnée avec une extrême violence. Plus juste et
plus généreuse que les juges sévères qui l'ont in-
criminée, cette parole si fière, l'histoire la lui par-
donnera, nous le pensons, parce que si elle était
inspirée par un excès d'orgueil, elle ne manquait
ni de noblesse ni surtout de vérité. Ce fut, en effet,
sous sa main créatrice que la marine, le commerce
et l'industrie sortirent du néant pour grandir d'une
vie subite et prodigieuse ; que naquit l'Académie
des sciences, qui surpassa dès sa fondation les splendeurs de ses devancières ; que fut instituée l'école
de Rome, magnifique et perpétuelle ambassade de
la France auprès de la cité des arts. Aucun des
grands esprits qu'enfanta cette époque si féconde
n'était la France avec ses grandes et nobles as-
pirations, avec ses qualités brillantes et même

ses préjugés et ses faiblesses, autant que le fut Louis XIV.

« Louis XIV, ce roi si puissant et si majestueux, qui faisait la loi aux nations vaincues par ses armées et leur donnait l'exemple par les magnificences de sa cour ; Louis XIV, que le monde entier prenait pour modèle, n'en est pas moins descendu dans la tombe qu'après avoir subi, dans sa vieillesse, de terribles échecs et de honteuses humiliations.

« O vicissitude des choses humaines ! celui qui se faisait appeler *le roi soleil* ne s'en est pas moins éteint sans gloire, c'est-à-dire à un moment où tous les rayons de cette gloire qui avait jeté un si vif éclat étaient éclipsés !

« C'est ici également que Louis XV, quoiqu'il n'aimât pas Paris, auquel il préférait Versailles, comme à Versailles cependant donna plus d'une fois de ces fêtes d'une splendeur telle qu'on y dépensait des sommes fabuleuses qui absorbaient une partie considérable des finances de l'État, ruinaient le pauvre peuple et mettaient le gouvernement dans la nécessité d'ajouter sans cesse de nouveaux impôts. Mais ce qui ne révolta pas moins le peuple, c'est la licence qu'on s'y permettait et qui était devenue un scandale public universel.

« Ce règne honteux acheva d'obérer la nation et de dégrader une partie de l'aristocratie nobiliaire. Le grand roi avait dit : *L'Etat, c'est moi.* C'était fier, nous le répétons. L'égoïsme et l'indignité de son successeur se résument dans cet autre mot qu'il prononça imprudemment dans un moment où on lui faisait de sages observations : *Après moi le déluge.* Parole bien autrement coupable et impie que celle de Louis XIV, et qui sera, dans la postérité, la juste condamnation de ce prince scandaleux.

« Louis XV, couvert de honte et de confusion, mourut enfin. Il laissa le trône au duc de Berry, qui prit le nom de Louis XVI.

« Ce jeune prince, malgré le milieu corrompu dans lequel il s'était trouvé, avait été élevé avec sagesse. C'était un homme juste et bienfaisant, libéral et généreux. Il prit les rênes du gouvernement avec la ferme intention de réparer le mal du passé, de faire le bien et de rendre le peuple heureux. Mais il ne fut pas assez fort pour résister au torrent des mauvaises passions déchaînées par la prétendue philosophie qui l'emportait, et pour maîtriser la situation.

« Lui aussi, l'infortuné roi, s'était vu, dans cette salle du Trône, entouré des personnages les plus éminents du pays, hommes et femmes, grands seigneurs et nobles dames. Il y avait également reçu des princes étrangers et leurs ambassadeurs, dans ces jours de fêtes auxquelles présidait une jeune, charmante et gracieuse reine qui alors, au faîte des honneurs, entourée d'hommages et d'adulations, était loin de prévoir les cruelles humiliations et les terribles destinées qui lui étaient réservées.

« Mais ce roi débonnaire, animé des plus louables intentions, le véritable restaurateur de la liberté en France, malgré ses concessions ou plutôt à cause de ses concessions, fut enveloppé dans une effroyable tempête, renversé de son trône, accusé, emprisonné et condamné à porter sur un échafaud sa tête découronnée, par ceux-là même qu'il avait convoqués pour l'aider à réaliser les améliorations qu'il avait conçues.

« Aussi, comme celle de la grande victime du Calvaire qui avait servi à purifier tous les crimes du monde et à y ramener la liberté, l'ordre et la pureté des mœurs, l'effusion du sang de Louis XVI servit à expier les iniquités de quelques-uns de ses ancêtres qui, dans la haute position où ils étaient placés, au lieu de donner l'exemple d'une conduite régulière et honorable, s'en étaient servi pour se livrer à leurs passions; à réhabiliter une noblesse qui s'était laissé corrompre par les philosophes du mensonge, enfin à réparer les fautes multipliées du peuple, dont le sens avait été perverti par les mauvaises doctrines et par les scandaleux exemples; enfin elle servit aussi à cimenter en France la liberté, que, dans sa naïve confiance, ce roi à l'âme généreuse et au cœur droit avait cru pouvoir lui rendre, sans la protéger suffisamment et sans la mettre à même de se défendre contre la licence, de sa nature très-envahissante.

« Le règne de cet excellent prince avait commencé avec gloire; il finit par une catastrophe sanglante qui devait le flétrir dans la postérité. Mais maintenant que la colère du peuple, trompé sur son compte, est apaisée et que la vérité s'est fait jour, il n'est personne qui ne lui rende justice et n'en parle avec respect.

« Si, dans le tourbillon et dans les orages au milieu desquels il s'est trouvé entraîné, Louis XVI n'a pas constamment conservé son énergie de souverain et a pu faire des actes de faiblesse ou des démarches imprudentes caractérisées de crimes politiques par les agitateurs passionnés qui, dans ce temps de confusion des idées, des sentiments et des prin-

7

cipes, s'étaient emparés du pouvoir, nous demandons combien d'hommes à sa place eussent conservé leur présence d'esprit et leur force d'âme
sans faiblir ni se tromper.

« C'est aussi dans cette même salle du Trône
que la révolution française, en 1793, mit le pouvoir
souverain aux mains d'un certain nombre de délégués de la nation. Mais l'usage qu'ils en firent révolta bientôt le monde entier, car, pour se maintenir au pouvoir, ils ne connurent bientôt plus de
bornes que leur intérêt. Leur appréciation et leur
volonté remplacèrent la justice. Cette règle de conduite aveugle rompit toutes les digues et enfanta la
Terreur !

« Aveuglement étrange ! Ces mêmes hommes qui
s'étaient fait substituer à la royauté retardèrent la
régénération de la France par leur terrible indivi-
dualisme; mais, dans un temps donné, l'indignation
populaire fit justice de ces hommes qui avaient si
arbitrairement abusé de l'autorité qui leur avait été
déléguée.

« C'est également ici qu'après les orgies révolutionnaires que tout le monde connaît, alors que la
nation se recueillit pour se reconstituer, la France
salua avec enthousiasme l'avénement de Napoléon Ier

à l'empire. Ce fut dans cette salle d'honneur dont il avait pris possession que le nouvel empereur, après avoir parcouru l'Europe en vainqueur, vit non-seulement les ambassadeurs des nations étrangères, mais leurs souverains à ses pieds. Ils y venaient implorer l'alliance de la France et les faveurs de son grand et redoutable empereur, qui dictait des lois au monde entier et faisait trembler l'univers par la gloire et la bravoure de ses soldats.

« Ce puissant empereur, qui n'avait jamais voulu que la grandeur et le bonheur de la France, se laissant dominer par l'amour-propre, aveugler par la vanité, tromper par la flatterie, laissa se former autour de lui l'oligarchie de gens en place qui substituaient leur intérêt individuel à l'intérêt public ; ils le perdirent, et Napoléon le Grand tomba ; il fut jeté sur un rocher au milieu des mers, à l'une des extrémités du monde. Il y mourut dans l'isolement.

« C'est, de plus, dans cette même salle du Trône que Louis XVIII, revenu de l'exil, après avoir erré de contrées en contrées, posa hardiment le problème à résoudre par la restauration. Il arrivait bien avec une charte jusqu'à un certain point libérale ; mais elle était octroyée, et l'on y trouvait encore un fond d'absolutisme oligarchique inhérent à sa race, habituée à exercer le pouvoir exécutif avec une indépendance absolue, ainsi qu'il résulte des paroles de Louis XIV : *L'Etat, c'est moi.*

« Louis XVIII, sans s'en apercevoir, était resté trop fidèle aux traditions de ses ancêtres ; il avait trop vite oublié les souffrances de l'exil et les privations de la misère, les terribles leçons de la révolution et les enseignements de tant de déplorables événements. Il ne voulait pas se figurer que de la salle du Trône on pouvait apercevoir la place où était tombée la tête de Louis XVI, et qu'en sortant de son palais il passait sous l'arc triomphal de l'empereur et roi. Ce prince, si longtemps exilé avant de monter sur le trône, oublieux malgré l'esprit et la philosophie qu'on lui attribuait à juste titre, n'en mourut pas moins en paix dans le palais de ses pères, et ses dépouilles mortelles furent inhumées dans la tombe des rois ses aïeux. *Dormivit igitur David cum patribus suis et sepultus est in civitate David.*

« Le comte d'Artois, frère des deux derniers rois, succéda paisiblement à Louis XVIII sous le nom de Charles X. Ce prince chevaleresque était monté sur le trône en toute confiance, et avec raison; mais sans en avoir calculé les conséquences et sans avoir pris les mesures nécessaires pour en réprimer les excès, il donna à la presse une liberté illimitée. Son gouvernement, dès lors, fut attaqué avec un indicible acharnement. Son autorité fut ébranlée jusque dans ses fondements, et quand il voulut la reprendre, il était trop tard. Il publia de fatales ordonnances qui occasionnèrent une révolution ; une tempête populaire l'emporta. Il fut foudroyé au moment même où il venait de doter la France d'un nouvel empire presque aussi considérable que la mère patrie (1). C'est en vain qu'il abdiqua en faveur de son fils et voulut faire passer la couronne sur la tête de son petit-fils, il fut détrôné et reconduit en exil avec les égards et le respect dus à un roi malheureux et déchu sans perdre sa grandeur. Charles X, lui aussi, s'était assis avec majesté sur le trône de cette salle remplie de tant de souvenirs. Il y avait donné des fêtes brillantes, il y avait reçu non-seulement les ambassadeurs de toutes les nations, les grands seigneurs et les personnages les plus illustres de l'époque, mais des princes et des souverains étrangers, étonnés de tant de splendeurs. Il n'en fut pas moins renversé de son trône parce

(1) L'Algérie.

qu'il n'avait pas compris son siècle, ni su dominer la situation, ni gouverner dans le plus grand intérêt du peuple. Tout en le détrônant, cependant, on appréciait ses belles qualités et on le plaignait, ainsi que le duc d'Angoulême son fils et le duc de Bordeaux son petit-fils, entre les mains duquel il n'avait pu laisser la couronne.

« Cette vieille race royale avait été secouée sur son trône par la rude et redoutable main du peuple, aveuglé par la colère que de fatales ordonnances avaient excitées, et entraîné par l'opposition acharnée de ce temps contre le gouvernement.

« Cette antique dynastie, illustre entre toutes les familles les plus célèbres du monde, avait été arrachée de ce trône dix fois séculaire comme si elle ne s'y fût assise que la veille.

« C'est ainsi que quelquefois Dieu permet la chute des plus puissants maîtres du monde afin de faire comprendre aux hommes que sur la terre il n'y a rien d'éternel ni même de stable et de permanent. *Deposuit potentes de sede.* Quelquefois même il ne s'en tient pas là, et, à la place des personnages les plus considérables, il permet l'élévation des plus humbles. *Et exaltavit humiles.*

« Si nous jetons les regards autour de nous, très-

honorés mes frères, nous verrons que Dieu ne se
contente pas de donner ces leçons dans les hautes
régions sociales ; mais elles sont beaucoup plus
souvent répétées à tous les degrés de la hiérarchie
sociale. Dieu veut ainsi nous faire comprendre encore que nous n'avons point ici une demeure permanente. *Non habemus hic manentem civitatem.*

« Pendant que ces trois générations de rois chassés
du pays où leurs ancêtres avaient fait de si grandes
et de si magnifiques choses s'acheminaient vers la
terre étrangère, un prince de leur race, qu'on ac-
cusait d'avoir conspiré pendant quinze ans contre
les souverains membres de sa famille, le duc d'Orléans, celui-là même auquel Charles X avait confié
les intérêts de son petit-fils et la défense de ses
droits en le nommant lieutenant général du
royaume, fut porté par une fraction de la chambre
des députés sur le trône qui appartenait de droit
à un orphelin. Il accepta cette dépouille qu'il
lui eût été peut-être bien difficile de refuser, quoiqu'elle eût dû être sauvée par lui et que, moins que
tout autre, il eût dû y porter une main sacrilége et
spoliatrice. Mais le règne de Louis-Philippe, souvent agité par des émeutes auxquelles les mesures
de son gouvernement ont plus d'une fois donné de

trop légitimes occasions , finit par une catastrophe, ainsi que vous le savez. On eût dit que le souffle de la justice de Dieu passait sur ce trône usurpé et l'avait emporté sans miséricorde.

« Pendant tout le temps qu'il demeura aux Tuileries, Louis-Philippe se montra aussi souvent avec une splendeur royale dans cette salle en ce moment devenue un sanctuaire où nous sommes réunis pour prier.

« Mais son règne fut aussi faible qu'inconséquent, et son gouvernement restera entaché d'une indélébile flétrissure aux yeux de la postérité, si on ne réussit pas à le justifier des odieuses accusations de corruption que jusqu'à présent on s'acharne à faire peser sur sa mémoire ; car, on le prétend, on l'a répété mille fois, on le répète encore sans cesse, c'est son système de corruption par l'oligarchie des gens en place qui le perdit, occasionna la révolution de février 1848 et le renversa de son trône.

« Chassé par la peur de l'émeute avant de l'être par l'émeute elle-même, le vieux roi Louis-Philippe, fugitif, abandonna honteusement ce palais dans lequel il ne devait jamais rentrer. Aujourd'hui le peuple, vous, citoyens mes frères, vous y siégez en princes et en souverains !!!

« Vous êtes princes et souverains dans ce palais, disons-nous ; mais où est votre empire ? Où est votre souveraineté ? Au milieu de la lutte, vous avez été des combattants pleins d'ardeur, de courage et de bravoure ; mais vous n'êtes pas chargés d'organiser la victoire ou d'exercer la puissance de l'autorité. Où est donc votre empire ?

« Votre empire, c'est votre cœur, c'est votre âme, c'est votre conscience, qui doivent connaître, aimer et servir Dieu. *Cui servire regnare est.*

« Dans cet empire il se trouve d'implacables ennemis que vous devez traiter, nous ne dirons pas seulement comme des sujets, mais comme des esclaves : ce sont vos passions, qui ne cessent de vous attaquer et que, vous, vous ne devez cesser de combattre, afin de les subordonner à l'action divine de la grâce. Il y a encore vos sens, que vous ne devez cesser de gouverner et de maîtriser, afin de ne pas vous exposer à en être victimes.

« Mes frères, puisque nous sommes ici en famille, tous animés des mêmes sentiments, permettez-nous de vous parler en frère, en ami, en père.

« Parmi vous, nous en sommes convaincu, il n'y en a pas un qui, dès l'âge le plus tendre, n'ait reçu de sa mère des notions de religion, de morale et de

7.

vertu, proportionnées au développement de son intelligence. Elles vous ont appris que Dieu, notre
Père qui est dans les cieux, veille sur nous par sa
providence, qu'il demande que nous remplissions
envers lui des devoirs qu'il nous a lui-même pres-
crits et de l'accomplissement desquels il nous de-
mandera compte quand nous paraîtrons devant lui.
Un peu plus tard on vous a fait faire votre première communion, cette importante action qui fait
passer de l'enfance à la jeunesse et que Napoléon
avait en si précieux souvenir, en si grande vénération, qu'il appelait le plus beau jour de sa vie celui
où il avait fait la sienne. Pour vous y préparer, on
ne s'est pas contenté de vous donner de plus am-
ples explications sur Dieu et les devoirs que vous
avez à remplir envers lui, envers le prochain et
envers vous-mêmes, mais encore on s'est appliqué
à former votre conscience, ce mystérieux sanctuaire
que Dieu a élevé au plus intime de notre être, et
dans lequel il a placé, comme une sentinelle vigi-
lante, le sentiment du bien et du mal.

« Or, si nous vous interrogeons sur la fidélité
avec laquelle vous avez répondu aux prescriptions du
Seigneur, quel est celui d'entre vous qui n'a pas de
reproches à se faire ? Le temps ne nous permet pas,

mes bien chers frères, de développer davantage
ces différents sujets, si intéressants qu'ils soient ;
mais nous vous engageons à réfléchir sur ce que
nous venons de vous dire si rapidement sur vos devoirs.

« Il nous reste encore à examiner une autre partie
de votre empire, qui a bien aussi son importance :
je veux dire le foyer domestique, où vous devez
commander non en maîtres, mais en pères, et que
vous devez gouverner avec sagesse. Mes frères,
dites-nous s'il y a rien de plus doux, de meilleur
et de plus agréable que l'harmonie dans la famille,
l'union entre les époux.

« La tranquillité, la paix, l'estime, le respect mu-
tuel, la confiance réciproque, la cordiale et franche
amitié de deux cœurs unis dans les liens sacrés du
mariage donnent à tous deux un charme inexprimable. Cependant, dans cette communauté il y a
un chef, et ce chef, c'est vous, les maris. C'est à
vous de commander, mais jamais avec humeur ou
dureté. Or, nous vous le demandons, comment vous
conduisez-vous envers vos femmes ? Vous devez les
aimer comme les compagnes de votre pèlerinage
en ce monde, les traiter avec une extrême bienveillance, n'avoir jamais à leur dire que des paroles

amies et pleines d'affection. Rappelez vos souvenirs, et demandez-vous à vous-mêmes si c'est ainsi
que vous régnez au foyer domestique.

« La division dans le ménage, mais c'est l'enfer !
Si nous examinons ce que vous devez à vos enfants,
il y a encore là des devoirs qui méritent toute votre
attention la plus sérieuse. Dieu vous les a confiés
pour en faire des hommes, pour leur donner l'enseignement et l'exemple. Vous devez les diriger
dans les saintes voies de l'Évangile, avec calme et
prudence dans le présent, mais avec assiduité et
persévérance. Ainsi vous pourrez préparer pour la
société un homme vertueux, former une femme
essentielle et sage. L'accomplissement de ce devoir est un fait pour lequel Dieu réserve ses plus
belles récompenses. Quand le soir, à la fin de la
journée, vous rentrez dans vos maisons, vos enfants sont-ils heureux de votre retour, viennent-ils
vous saluer avec respect, vous embrasser affectueusement, c'est là un témoignage des bonnes
dispositions de leur cœur, mais aussi de leur confiance filiale.

« Et vous, mes chers amis, les recevez-vous avec
tendresse et bonté ? Songez que le sort de vos enfants, garçons et filles, est entre vos mains pater-

nelles. Les principales obligations de la paternité,
ce sont la bienveillance, la douceur, l'amour en
même temps que la surveillance et la fermeté.

« Heureux, mille fois heureux si, sous ce rapport,
vous exercez dignement votre autorité souveraine,
surtout si vous donnez le bon exemple !

« Nous terminons, mes frères, en vous rappelant
qu'un bon père de famille au milieu des siens,
comme le souverain au milieu de ses sujets, dans
ses Etats, tout en s'occupant dans sa maison, ne
doit rien négliger pour faire valoir les intérêts ma-
tériels.

« Votre budget n'est pas élevé. Savez-vous au
moins le ménager ? Et quand vous avez reçu de l'argent, le salaire de votre travail, savez-vous le dépenser sagement et à propos ? Ce n'est presque jamais
le travail qui manque à un ouvrier estimable et consciencieux ; ce qui ruine, c'est le gaspillage des
produits du travail. Si l'on a reçu sa solde ou ses
honoraires, et qu'on ait l'imprudence d'en parler
ou que les camarades le sachent, on trouve presque
toujours sur son chemin de faux amis qui tentent
d'aider à les dépenser. Or, ne se laisse-t-on pas
souvent beaucoup trop facilement entraîner ? Et une
notable partie de l'argent qu'on a reçu, le jour

même où on le reçoit, est dépensé follement, quoiqu'on sache qu'il n'y en a pas à la maison. D'autres
fois on n'en rapporte qu'une partie, se promettant
de profiter du reste dans l'occasion. Souvent ce sont
des personnes qui ne sont plus jeunes qui se con-
duisent ainsi, oubliant leurs femmes et leurs enfants.

« O aveuglement des hommes, qui souvent font
eux-mêmes leur malheur !!!

« Vous nous pardonnerez, mes frères, des paroles
qui vous paraîtront peut-être sévères ; mais elles
ne nous ont été dictées que par les sentiments
d'un sincère dévouement à vous et à vos familles,
afin de vous rappeler à vos devoirs, à la vertu, à
la religion, et qu'après avoir servi Dieu sur la
terre, vous méritiez de le louer éternellement dans
le ciel, au sein du bonheur et de la gloire. Ainsi
soit-il. »

On trouvera peut-être que nous avons parlé
longtemps, dans une situation comme celle où nous
nous trouvions. Aussi telle n'était pas notre intention quand nous avons commencé ; mais, soutenu
par le silence avec lequel on nous écoutait, encouragé par les marques évidentes d'assentiment qu'on
donnait à nos paroles, nous avons senti que le

temps s'écoulait sans pouvoir terminer ainsi que nous le désirions. Comme nous connaissions aussi bien que possible, les questions que nous traitions, les paroles sortaient de nos lèvres avec une facilité dont nous remercions encore le bon Dieu, parce que nous en étions étonné plus que qui que ce fût. Enfin nous avons pu cesser de parler, à notre grande satisfaction.

Après cette allocution que nous avions commencée avec hésitation, mais que l'attention et le recueillement avec lesquels on l'écoutait encouragea, ainsi que nous venons de le rapporter, nous avons continué la messe. Ici nous devons dire et proclamer solennellement que cette assemblée non moins mêlée que nombreuse, par son respect et sa bonne tenue, donna, dans cette circonstance touchante, un témoignage éclatant de ses sentiments religieux.

Lorsque la messe fut terminée, tous les blessés qui n'étaient point au lit nous attendaient dans la salle des Maréchaux. Notre première pensée fut un mouvement d'inquiétude, car nous appréhendions que quelques-unes de nos réflexions n'eussent blessé la susceptibilité de notre auditoire. Mais, loin de recevoir des observations sévères, nous avons été profondément ému en voyant toutes les mains se tendre vers nous avec empressement et bienveillance. Nous n'avons reçu que des félicitations.

XVIII

Lettre d'un blessé de l'Hôtel des invalides civils à la suite de la messe de la salle du Trône.

A partir de ce moment, la conquête fut faite et tous les habitants de l'Hôtel des invalides civils devinrent nos amis.

Pour en juger, nous citerons une lettre de l'un d'eux qui nous a été adressée le lendemain de la célébration de cette messe. Elle est revêtue du cachet et des griffes de toutes les autorités de l'Hôtel des invalides civils, qui en constatent l'authenticité. Nous la tenons à la disposition des personnes qui désireraient la consulter. En tout état de choses, nous l'inscrivons avec sa suscription et son orthographe, dans cette courte relation, afin qu'elle puisse servir de pièce à l'appui, si ce fait est jugé digne d'être consigné dans l'histoire.

L'auteur de cette lettre se nommait Jean-Jacques

Chaudy; il était jardinier de son état. C'est comme
blessé, au nom et de la part des blessés ses camarades, dont les lits, comme le sien, avaient été
dressés dans le salon de famille, qu'il nous écrivit.
Tous les autres se joignirent à eux pour nous adresser cette demande.

Quel étrange spectacle que de voir ces humbles
enfants du peuple installés dans le salon réservé
naguère aux seuls membres de la famille royale,
assis sur les magnifiques fauteuils et les moelleux
divans qui le meublaient ! Du reste, nous devons
leur rendre la justice qu'ils ne parlaient des vaincus
qu'avec respect.

Dans cette lettre le *citoyen Jean-Jacques Chaudy*
nous demandait, au nom de ses camarades, de leur
communiquer l'allocution que nous leur avions
adressée le premier dimanche de leur entrée dans
la salle du Trône convertie en chapelle.

Voici cette lettre que nous avons exactement
copiée sur l'original soigneusement conservé par
nous.

Voici quels en sont les termes et la teneur, même
avec les fautes d'orthographe.

Nous commençons par la suscription et l'adresse :

Monsieur et citoyen

1ᵉʳ aumonier, Monsieur Denis

à l'hopital de la Charité, à Paris.

Texte de la lettre du citoyen Jean-Jacques Chaudy :

« Monsieur et citoyen,

« *Jes* l'*honneurs* de vous *addresser* la *présentes* pour vous prier, *sil* étoit *posible*, de vous demander la copie de votre sermon que vous nous avez fait, dans votre prône de dimanche, à notre *chappelle* du Trône.

« Je la communiquerai à un patriote, Monseigneur *Larcheveque* (Donnai) à Bordeaux.

« *Jespère* partir ou sortir, mercredi, apres votre office.

« Votre tout et dévoué

« le citoyen

« J.-Jacques CHAUDY.

« *Salon de famille.*

« Paris, ce 20 mars 1848. »

Le citoyen Jean-Jacques Chaudy sortit le jeudi 24 mars, le lendemain de la seconde messe. Avant de quitter Paris et de se rendre à Bordeaux son pays, il vint nous voir dans notre demeure pour nous remercier encore en son nom personnel et au nom de ses camarades, dont il avait pris congé.

Quant à la copie de notre discours, il ne nous a pas été possible de la donner à ce digne citoyen, parce qu'alors il n'était pas écrit. Ce n'est que plus tard que nous avons pu consigner nos paroles sur le papier et les exprimer telles que nous les transcrivons ici.

L'effet de cette première messe fut prodigieux. Ce jour-là, comme les précédents, nous avons fait notre visite à tous les malades qui n'avaient pu se lever pour assister à l'office divin. Leur accueil, s'il eût été possible, nous parut encore plus respectueux que les jours précédents. Mais ce qui nous causa une joie infinie, c'est que les moins invalides nous indiquaient eux-mêmes ceux qui, dans un état dangereux, pouvaient avoir besoin des secours de la religion.

Le lundi et le mardi, il ne se passa rien d'extraordinaire. Pendant ces deux jours, nous avons fait nos visites à tous sans exception. Les bonnes sœurs et les médecins remplissaient leurs fonctions spéciales avec un infatigable zèle.

CHAPITRE XIX.

Seconde messe dite dans la salle du Trône pour le repos de l'âme des victimes de la révolution. — Allocution prononcée pendant cette messe.

Le mercredi 22 mars, comme nous l'avions annoncé le dimanche précédent, nous avons dit la messe dans la salle du Trône pour la seconde fois.

Le dimanche, nous avions dit la messe pour satisfaire au précepte. Nous y avions prié pour nos chers blessés, pour la France et pour son gouvernement ; mais le mercredi, nous l'avons dite pour le repos de l'âme de toutes les victimes qui avaient succombé dans la lutte. C'était un véritable service funèbre qui remplaçait celui de la famille.

Au milieu de cette seconde messe, comme au milieu de la première, immédiatement après l'évangile, nous avons cru encore une fois devoir adresser la parole à cet auditoire si nouveau pour nous et si peu préparé à entendre la parole de Dieu. Les paroles que nous avons dites alors sont également

restées gravées dans notre mémoire d'une manière
ineffaçable, quoique improvisées comme la première fois :

« Citoyens mes frères, avons-nous dit en nous re-
tournant après l'évangile, nous venons aujourd'hui,
pour la seconde fois, célébrer le saint sacrifice dans
cette enceinte qui est devenue sacrée par la bénédiction qui lui a été donnée au nom de l'Eglise.
Pourquoi cette seconde réunion ? Nous vous l'avons
dit, mes frères, c'est afin de prier pour le repos de
l'âme de tous nos frères qui ont eu le malheur de
succomber dans la lutte. Nous ne devons faire ac-
ception de personne. Dans la mort, devant Dieu,
pour nous, il n'y a plus ni partis ni opinions ; il
n'y a plus que des citoyens de la grande république
chrétienne.

« Autrefois, quand les souverains, les princes, les
personnages qui s'étaient illustrés dans les différentes carrières, et les grands du monde descen-
daient dans la tombe, les princes de l'éloquence
sacrée, tels que Bossuet, Massillon, Bourdaloue,
Fléchier et autres étaient invités à prononcer leur
oraison funèbre du haut de la chaire de vérité. En
présence de tout ce qu'il y avait de plus grand, de
plus élevé dans l'État, ils rappelaient les titres que

ceux dont ils célébraient les belles ou les bonnes
actions, le mérite ou les vertus, les hauts faits et la
gloire avaient au souvenir de la postérité. Et, devant ces splendides assemblées, ils donnaient des
leçons sévères à leurs auditeurs d'élite.

« S'ils parlaient de belles ou de bonnes actions,
c'était pour engager leurs auditeurs à les imiter ;
s'ils parlaient de mérite ou de vertus, c'était pour
leur rappeler que le mérite et la vertu sont les seuls
biens qui restent. S'ils parlaient de hauts faits et de
gloire, sans doute ils en admiraient l'éclat et les
faisaient valoir, mais en même temps ils rappelaient
le néant et la vanité des choses humaines. En effet,
qu'est-ce que l'homme ? Un être qui paraît un jour
sur cette terre et disparaît le lendemain. Qu'il soit
haut placé ou qu'il passe sa vie dans l'obscurité, la
mort moissonne tout, sans pitié ni miséricorde, sans
faire attention si l'homme qu'elle veut moissonner
est placé sur le trône ou couvert des haillons de la
misère ; elle ne respecte personne, *et la garde qui
veille aux barrières du Louvre n'en défend pas les
rois*. Non, les rois n'en sont pas plus exempts que
nous. Ils ne sont pas pétris d'une autre argile que
nous, ni les grands, ni les puissants, ni les plus célèbres guerriers. *Omnis caro fœnum et gloria ejus*

quasi flos agri « Toute chair est semblable à l'herbe des champs et toute gloire à la fleur qui s'épanouit le matin et se dessèche le soir. »

« Il n'est pas d'homme qui vit sur la terre qui ne soit frappé par la mort » *Quis est homo qui vivit et non videbit mortem?* Ps. 88-52.

« Nous n'avons pas l'intention, mes bien chers frères, d'entrer dans de plus longs détails sur les leçons données sur la mort, en présence des classes qu'on appelle les plus élevées de la société, ni la prétention d'approcher, même de loin, des modèles de la tribune chrétienne; non certes, mes frères; nous voulons seulement vous rappeler la mémoire de nos frères et payer un tribut d'hommages à ceux qui sont morts dans la foi pour conquérir la liberté, ou défendre leurs opinions, ou remplir ce qu'ils regardaient comme un devoir. Nous voulons encore vous inviter à prier pour eux et à vous instruire à l'école de la mort.

« Nous venons de vous dire que la plupart de ceux dont on célébrait la gloire et de ceux devant lesquels on proclamait leurs actions d'éclat étaient des grands de la terre, ou élevés au faîte des honneurs, ou comblés des faveurs de la fortune, mais qui, après tout, n'étaient que d'humbles mortels comme

8

vous et moi. En ce moment vous êtes ici sur les
siéges qu'ils occupaient dans les réunions ou réceptions royales ; valez-vous moins qu'eux, mes
frères? Non, mille fois non, si votre mérite est su-
périeur à leur valeur personnelle, si vous l'empor-
tez sur eux soit en vertus, soit en sagesse. Instrui-
sez-vous donc, mes frères, à l'école de la mort, et
apprenez d'elle le peu de fond que l'on peut faire
sur la vie humaine, quels sont les devoirs que le
Seigneur nous impose, et sachez bien comprendre
que notre valeur personnelle n'est réelle qu'autant
qu'elle ne renferme aucun mélange d'infirmité morale ni d'irréligion.

« Oui, mes frères, nous pouvons tirer de cette cérémonie de grandes et de bien utiles leçons. Des-
cendez dans le fond de vos cœurs, sondez les replis
les plus intimes de vos consciences, et vous resterez
convaincus qu'on ne peut avoir de véritables satis-
factions de soi-même qu'autant qu'on est chrétien
d'esprit et de cœur. »

Cette seconde allocution ne produisit pas moins
d'effet que la première. Nous en avons béni Dieu,
car plus tard nous avons vu avec une extrême satisfaction que nos paroles avaient porté leur fruit.
Tous les journaux du temps rendirent compte de

la célébration de ces deux messes. Comme les Tuileries, palais des rois, quoique aux mains du peuple, n'avaient pas moins leur prestige, nous croyons que ces deux faits ne furent pas sans influence sur le respect alors partout accordé à la religion, malgré l'agitation générale.

XX

Considérations philosophiques sur les révolutions. — Motifs qui nous ont fait rappeler ces grands principes.

Qu'on nous permette ici quelques réflexions qui nous paraissent découler naturellement de ce que nous venons de dire.

La vérité religieuse est le *mens agitat molem* de l'espèce humaine ; elle est la vérité fondamentale par excellence.

Le christianisme est ainsi le principe générateur de tous les grands événements de l'histoire. Tout tient à lui, tout vient de lui, et à ce point de vue il est aussi ancien que le monde.

Chute et rédemption, voilà le dogme source de la morale, et ces deux mots expliquent tous les mystères de l'homme et de l'humanité.

Les nations déchues s'agitent entre la montagne du paradis terrestre et celle du Golgotha ; mais l'itinéraire des peuples rachetés s'étend du Golgotha à la céleste Sion.

L'histoire de l'humanité offre ainsi deux grandes périodes, l'une d'esclavage, l'autre de liberté ; celle-ci du côté de la croix, celle-là du côté du paganisme et de la barbarie.

Métaphysique parfaite, morale sublime, spiritualisme tout divin, science des sciences, voilà le christianisme. C'est la religion du progrès. Ce n'est point le cercle inflexible ; c'est un cercle qui s'étend à mesure que la société se développe. Il ne comprime rien, il n'étouffe rien, il ne s'oppose à aucune lumière, à aucune liberté.

Si la liberté philosophique qui embrasse le triple domaine de la science intellectuelle, de la science morale et de la science naturelle est d'une haute importance dans la cité, elle n'est appelée à jouer un rôle glorieux dans l'État qu'à la condition de n'être point hostile à la vérité religieuse.

Mais aussi, une grande synthèse sociale ne peut s'accomplir pour la félicité des peuples qu'autant que la vérité politique restera unie à la vérité religieuse. Ordre et liberté, tels sont les deux pôles de la sphère politique. L'ordre sans la liberté ne constitue qu'un état incomplet travaillé par un germe

8.

de dissolution. La liberté sans l'ordre, c'est l'oppression de tous par tous ; c'est le pouvoir et la liberté confondus ; c'est l'anarchie.

La certitude politique se fonde sur la liberté ; la liberté est comme le *criterium* de la politique ; on peut ajouter qu'elle est comme le thermomètre de la félicité des peuples. La liberté n'est jamais détruite dans l'État ; seulement elle change de place. Elle est despotisme, aristocratie ou démocratie, suivant qu'elle est la base d'un seul, de plusieurs ou de tous. La liberté est enfin le but et le motif de toute révolution.

Ce fut là surtout le but de celle de 1848, parce que le gouvernement de Juillet s'efforçait de consolider et de développer son autorité aux dépens de toutes les libertés et au mépris de la religion. Aussi, quand, après avois reconquis la liberté, le peuple fut le maître, il témoigna de son respect pour la religion. S'il ne raisonne pas, le peuple a l'instinct de la vérité, de la justice et du droit, au plus éminent degré, parce qu'il sent et reconnaît que ces trois principes fondamentaux sont les seules assises solides de son existence, de sa conservation, de sa tranquillité et de son bien-être. Il sait également que sans le respect de ces trois principes il n'y aurait pas de société possible.

A l'occasion des deux messes dites dans la salle du Trône, nous avons cru devoir rappeler à grands traits ces principes généraux d'existence sociale, afin d'expliquer comment, sous Louis-Philippe, la religion ayant été non-seulement peu honorée, mais souvent humiliée, presque persécutée, après sa chute, le peuple, dans son bon sens, qui en comprend l'importance, les avantages, la nécessité, la traita respectueusement et voulut, pour ainsi dire, réparer les outrages dont elle avait été abreuvée ! Ainsi Louis-Philippe avait fait abattre les croix ; le peuple en ayant rencontré une aux Tuileries, la fit porter en triomphe à l'église Saint-Roch, le 23 février, au milieu même de sa plus grande effervescence.

Il ne faut donc pas s'étonner des sentiments et des dispositions avec lesquels ce peuple si intelligent assista à la messe qui fut dite dans la salle du Trône. Alors il était rendu à lui-même.

Plusieurs parents des victimes qui avaient succombé dans les combats furent admis à la messe dite pour le repos de leurs âmes dans la salle du Trône. Leur tenue n'étaient ni moins recueillie ni moins respectueuse. On sentait qu'il y avait au

fond de ces âmes un véritable esprit de foi religieuse, et au fond de ces cœurs déchirés par la
douleur une consolation réelle que la prière pour
les morts inspire toujours quand elle s'adresse à
Dieu avec confiance et amour. On dirait alors
qu'on ne les a point perdus, ou du moins qu'on
les retrouvera dans un monde meilleur.

Aussitôt que le service funèbre fut terminé, les
blessés qui avaient pu se lever rentrèrent dans
leurs salles, et quand nous les avons parcourues,
nous avons été heureux de constater sur toutes les
figures une émotion religieuse évidente. Le culte
des morts est encore un de ces actes de piété touchante et de pieuse vénération qui s'est conservé
dans toute sa simplicité au milieu du plus grand
nombre des familles parisiennes aussi bien que de
celles de la province.

A dater de cette époque nous n'avons cessé de
visiter, au moins une fois chaque jour, nos chers
et affectionnés blessés ; souvent nous avons même
été appelés la nuit pour donner les secours de la
religion à quelques pauvres combattants dont les
soins des médecins ne paraissaient pouvoir guérir
les plaies.

XXI

Messe dans la chapelle du palais dépouillée de tous ses riches ornements.

Le dimanche qui a suivi celui dans lequel on avait dit la messe dans la salle du Trône, la messe fut dite dans la chapelle des Tuileries, qui avait pu être préparée pendant la semaine. Tous les débris qu'on y avait entassés avaient été enlevés. Mais quand on pénétra dans la sacristie, on put constater que tous les vases sacrés, calices, ciboires, ostensoirs, burettes, plateaux d'or et tous les autres objets nécessaires au culte avaient été enlevés. Parmi ces vases sacrés, il y en avait un nombre considérable qui étaient ornés de pierreries et d'une grande valeur ; quelques-uns même, outre leur valeur intrinsèque et artistique, avaient un autre titre au prix qu'on y attachait, car ils remon-

taient à la plus haute antiquité, plusieurs avaient
été donnés par Charlemagne, d'autres par le pieux
et magnifique saint Louis.

Indépendamment des vases sacrés, des ornements d'une immense richesse et d'une admirable
splendeur avaient également disparu. Chasubles
d'or et leurs tuniques de toutes les époques ;
chappes en drap d'or ornées de pierreries, bro-
dées par les plus habiles mains, qui ne le cédaient en
rien aux chasubles et aux tuniques ; flambeaux d'argent massif et de vermeil, précieux reliquaires
merveilleusement ciselés, en or et en argent ; mis-
sels richement reliés, tout était devenu la proie de
voleurs qui s'étaient glissés au milieu du peuple pour
exercer leur coupable industrie. Cependant on avait
écrit sur toutes les glaces, à la craie blanche et en
gros caractères : *Les voleurs sont punis de mort.*

Mais on disait, à cette époque, que les hommes
cupides qui avaient dévalisé la chapelle avaient
réuni un bataillon qui en gardait les approches.
Ainsi organisés, ils formaient des phalanges de
douze de leurs affidés, et au milieu de ces phalanges on entassait sur des brancards tout ce qu'on
pouvait y faire tenir ; protégées par les amis, ces
phalanges, assez nombreuses pour tout emporter,

sortaient les unes après les autres sans difficulté ;
on leur ouvrait passage au nom du peuple. On prétendait alors que ces bandes audacieuses n'étaient
pour la plupart composées que d'étrangers venus
surtout des bords de la Tamise ou de certaines contrées des bords du Rhin et au delà. Le trousseau
entièrement neuf de la duchesse de Montpensier,
qui avait fait l'admiration de la cour et dont on
avait tant parlé dans les salons de Paris, fut dévalisé de la même manière. Riches robes, étoffes
nouvelles non encore confectionnées, cachemires
des Indes, châles précieux, dentelles de valeur,
mouchoirs brodés, linge de la plus grande finesse,
tout fut jeté pêle-mêle sur les brancards et emporté
effrontément, sous la protection du peuple honnête,
qui, sans s'en douter, se faisait ainsi le complice des
voleurs.

Comme la sacristie avait été complétement dépouillée de ses vases sacrés, de ses ornements,
flambeaux, etc., on fut obligé, pour dire cette première messe dans la chapelle déblayée, d'em-
prunter des ornements, vases sacrés, etc., à Saint-
Roch, ainsi qu'on l'avait fait pour la messe dite
dans la salle du Trône. Cette première messe fut
dite par M. l'abbé Larroque, curé de Saint-Am-

broise, au faubourg Saint-Antoine, parce que
parmi les blessés se trouvaient beaucoup de ses
paroissiens. Par la suite, M. l'abbé Demerson,
curé de Saint-Germain l'Auxerrois, alors paroisse
des Tuileries, pourvut à la célébration des offices
dans la chapelle des rois rendue au culte. Pour
nous, chargé par l'autorité ecclésiastique du soin
des blessés, nous avons continué notre service
jusqu'au jour où sont partis les derniers d'entre
eux, le 15 août, jour où on célèbre la glorieuse
assomption de la très-sainte et très-immaculée
vierge Marie, mère vénérée du divin Sauveur, ainsi
que nous le verrons plus tard.

On se préoccupait donc avec une extrême sollicitude de tout ce qui concernait les intérêts des
hôtes des Tuileries placés sous la protection de la
patrie. On leur donnait tous les secours et on leur
prodiguait tous les soins dont ils avaient besoin,
comme on l'eût fait s'ils avaient appartenu aux
familles aristocratiques qui habitaient autrefois le
château. Malgré cela, les traitements n'étaient pas
toujours efficaces. Si quelques-uns étaient assez
heureux pour voir leurs blessures se fermer, leurs
plaies se cicatriser, les autres, au contraire, sentaient le mal s'aggraver sans que les remèdes indi-

qués par leurs habiles chirurgiens ne pussent arrêter les progrès et le développement des dangers
de leur situation. D'autres succombaient alors
qu'ils comptaient revenir à la santé !

XXII

**Mort extraordinaire d'un allumeur de réverbères.
— Bruits répandus à cette occasion. — Son exposition sur le trône. — Son convoi princier.**

Un homme jeune encore (il avait trente-sept ans), exerçant la profession d'allumeur de réverbéres, nous fut spécialement signalé comme dangereusement malade. Son état, qu'on disait désespéré, devait être l'objet de notre sollicitude particulière. Si on n'eût jugé cet homme que sur les apparences, elles ne semblaient nullement annoncer qu'il fût sur le point de paraître devant Dieu. Cependant il mourut bientôt et au moment où l'on y pensait d'autant moins que les plaies de ses blessures n'offraient aucune apparence de fin prochaine ; elles étaient en pleine voie de guérison.

La mort si rapide de cet homme dans la fleur de la vie et dans la force de l'âge, que sa profession douce et facile n'avait pu user, parut très-extraordinaire à tous ceux qui connaissaient sa position. Elle fit surtout une immense sensation parmi les habitants de l'Hôtel des invalides civils et fut l'objet de mille commentaires.

Les médecins exprimèrent le désir de faire l'autopsie de son cadavre, afin de se rendre compte de cette mort prématurée et imprévue. Mais ses amis s'y opposèrent. Ils donnaient pour prétexte qu'ils ne voulaient pas le laisser mutiler. Ils désiraient que son corps fût conservé dans son entier, afin de lui rendre, à lui l'homme du peuple, au nom et aux frais de la république, des honneurs comme jamais on n'en avait rendus aux plus grands potentats. Ils prétendaient ainsi honorer dans la personne d'un de ses enfants tout le peuple français.

Si l'on ne permit pas l'autopsie de cet homme, néanmoins on en autorisa l'embaumement par injection, mais sans qu'il fût ouvert.

Quand il fut ainsi préparé et qu'il n'y avait plus à craindre de corruption ni de dissolution, on songea aux préparatifs des honneurs qu'on voulait rendre, au nom de l'égalité, à cet homme né dans une pauvre demeure et qui, par suite d'une révolution dont on ne pouvait encore prévoir les conséquences, était venu mourir dans la splendide habitation des souverains de la France et en même temps siége des chefs du gouvernement.

On commença par le vêtir magnifiquement de la tête aux pieds. Comme il y avait dans ses yeux nous ne savons quoi d'effrayant, on lui fit mettre des yeux de verre par un oculiste.

Quand il fut ainsi préparé et orné, on l'exposa à la contemplation du peuple, sur le trône, qu'on avait richement fait draper de noir à cet effet et où on avait rétabli un siége provisoire, puisque celui de Louis-Philippe avait été brûlé.

Aussitôt que cette exposition fut connue, on se porta en foule aux Tuileries. Dès qu'on en eut ouvert les portes, on s'empressait de venir contempler les restes d'un enfant du peuple que la mort avait conduit au trône. Il y demeura jusqu'au moment des funérailles.

Pendant qu'on se rendait ainsi à la salle du Trône pour considérer ce personnage auquel on rendait de si grands honneurs, des bruits dont nous ignorions la cause et l'origine se murmuraient tout bas. Bientôt on parle tout haut. Enfin, peu à peu, ces bruits en circulant finirent par prendre une véritable consistance. On prétendait que la mort de cet homme intronisé après avoir cessé de vivre, avait été causée par l'introduction dans ses entrailles de quelques corps étrangers qui n'avaient pu être digérés. On prononçait le mot de diamants avalés par cet homme auquel on rendait tant d'honneurs, et qui, dans un temps donné, devaient occasionner la mort, si on ne pouvait les extraire de ses entrailles. En un mot, on disait dans un langage populaire qu'il était mort d'une indigestion de diamants. Ce bruit était devenu tellement public que personne n'en faisait plus mystère. Chacun faisait ses suppositions et ses commentaires. Cependant ce n'était qu'un bruit, une allégation, personne ne précisait ni n'affirmait : aussi ne le citons-nous que comme une rumeur, sans garantir la vérité du fait ni même la préjuger. Mais cette rumeur était si généralement répandue que nous avons cru devoir la mentionner en ce qu'elle semble appartenir à l'histoire de l'occupation des Tuileries en 1848.

La cause alléguée du refus de laisser faire l'autopsie ne fut-elle qu'un prétexte ? Le soin que l'on mit à éloigner les médecins de ce cadavre mystérieux avait-il pour fondement le motif qu'on a supposé ? Est-ce pour la même raison que les amis du défunt ne voulurent en laisser approcher qu'eux seuls ? Ce sont autant de problèmes que nous ne pouvons pas plus expliquer que ceux qui en parlaient alors, sans pouvoir rien affirmer ni rien démentir. Nous ne faisons que raconter ce qu'on disait avec une entière réserve.

Le jour de l'enterrement arrivé, on fit à cette victime des luttes de la guerre civile, qui avait succombé la première des suites de ses blessures, disait-on à l'Hôtel des invalides civils, les plus splendides funérailles dans l'église de Saint-Germain l'Auxerrois, alors l'église paroissiale des Tuileries.

Le cercueil du héros fut déposé dans un char admirablement drapé de noir, comme le trône où il avait été exposé. Ce char, traîné par six magnifiques chevaux caparaçonnés de noir, la tête surmontée d'aigrettes, fut ainsi conduit jusqu'au seuil de Saint-Germain l'Auxerrois.

L'église était tendue dans son entier, comme on l'eût tendue pour un maréchal de France. La troupe y était aussi nombreuse que pour le convoi d'un prince. Il est vrai que dans ce grand déploiement de forces on avait dû ne pas oublier le maintien de l'ordre et de la sûreté publique, car une foule innombrable se pressait sur tout le passage du cortége, et l'église était remplie de combattants des sanglantes journées de février. Plusieurs membres du gouvernement s'étaient rendus à Saint-Germain l'Auxerrois pour assister au service divin, ainsi que les ministres et un nombre considérable de hauts fonctionnaires tant civils que militaires ou magistrats.

Comme nous étions chargé du service religieux de l'Hôtel des invalides civils, on nous fit l'honneur de nous inviter à présider la cérémonie religieuse de ce convoi funèbre. M. le curé lui-même nous engagea à chanter la messe. Ce fut lui, le pasteur qui, à la tête de son clergé, fit la réception du corps, qui fut déposé dans un riche catafalque. La messe fut chantée par des artistes du premier ordre, la musique militaire joua plusieurs morceaux alternativement avec le chœur de chant. C'est nous qui avons fait l'absoute.

Le service religieux terminé, le convoi funèbre fut dirigé vers le cimetière du Père-Lachaise, toujours accompagné du même cortége, comme s'il eût été ordonné pour un des plus grands personnages du pays. Il fut conduit au cimetière par les boulevards et la place de la Bastille. Le peuple suivait ce cortége avec recueillement ; sur tout son passage on se découvrait respectueusement. L'ordre ne fut pas troublé un instant ; on sentait que partout le peuple voyait avec reconnaissance honorer ainsi un de ses enfants mort, *disait-on*, pour la défense des droits du pays. C'était donc un héros qu'on prétendait honorer.

Au moment où les dernières prières furent terminées, les honneurs militaires lui furent rendus sur son cercueil descendu dans la fosse, achetée au nom de l'État.

Après la cérémonie, la foule se retira en silence; on eût dit qu'il y avait là un enseignement important pour tous et un deuil public auquel chacun prenait part.

XXIII

**Mort d'un second blessé. — Péripéties de son con-
voi. — Courage d'une religieuse garde-malade.**

Peu de jours après l'enterrement de l'allumeur
de candélabres, un second blessé mourut. Il avait
appartenu à une société ouvrière, dans laquelle il
jouissait d'une certaine considération.

Les funérailles magnifiques qu'on avait faites à
leur premier camarade mort aux Tuileries semblaient leur donner le droit d'en exiger de pareilles
pour le second. Une députation de leurs amis fut
donc adressée au gouvernement pour le prier de
faire droit à leur demande. Le gouvernement, auquel il était bien difficile de rien refuser, accorda.
Aussitôt on fit une immense convocation de frères
et amis dont le nombre devait dépasser celui des
soldats.

Le gouvernement craignit une manifestation

9.

pour l'ordre et prit des mesures qui offensèrent la réunion.

La cour des Tuileries était littéralement remplie d'une foule innombrable de gens de toutes espèces qui venaient pour assister au convoi ; mais l'heure indiquée à laquelle il devait avoir lieu était passée depuis longtemps. Il y avait donc retard ; on s'impatientait de ce retard ; on faisait la comparaison avec le premier enterrement, et l'on disait ouvertement qu'il n'avait été fait avec tant de solennité que pour faire de l'effet et non point pour honorer le citoyen mort pour la patrie ; la discussion s'animait et devenait des plus vives quand une circonstance, qui paraissait devoir l'aggraver, finit par l'apaiser. On vint déclarer à la foule impatiente que le cadavre était arrivé à un tel état de dissolution qu'il était de toute impossibilité, même renfermé dans un cercueil de plomb, que du reste on n'avait pas eu le temps de préparer, de l'exposer dans un lieu public sans compromettre la santé des citoyens. La chaleur était excessive. Les médecins étaient tous du même avis et demandaient plusieurs jours pour paralyser les conséquences des émanations délétères du cadavre en putréfaction.

Ce fut M. Saint-Amand, capitaine commandant de la garde nationale, qu'on chargea de parlementer avec les délégués des sociétés ouvrières. Il leur exposa la situation avec la plus exacte vérité, mais inutilement ; sa parole était méconnue, il était même menacé dans sa personne. Nous assistions à ces violents débats du haut du grand balcon du pavillon de l'Horloge. Nous avions craint un moment qu'on ne fît un mauvais parti au commandant Saint-Amand. La sœur Sainte-Marie de la Visitation, qui, comme nous, du haut du grand balcon, contemplait cette grave discussion, ne put maîtriser son émotion, et avant qu'on ait pu lui faire aucune observation sur les dangers qu'elle pouvait elle-même courir, elle était au milieu du groupe le plus animé, et, saisissant le commandant par la main, elle voulut l'entraîner, mais en vain. Les ouvriers réclamaient leur frère pour lui rendre les honneurs auxquels il avait droit aussi bien que leur frère récemment inhumé : « Nous voulons, « criaient-ils, nous voulons les restes de notre frère ; « ils nous appartiennent. — C'est trop juste, mes « amis, leur répondit la religieuse ; mais pour cela « il faudrait que ces restes ne fussent pas un « danger pour la santé publique. Cependant les

« médecins eux-mêmes l'ont déclaré, ce danger
« existe. Vous dites d'ailleurs que le corps de
« votre frère vous appartient ; je n'en disconviens
« pas ; mais il m'appartient bien aussi un peu, à
« moi qui vous parle, car c'est moi qui l'ai soigné
« jusqu'au dernier moment ; c'est moi qui ai
« pansé ses terribles blessures ; c'est moi qui lui ai
« fermé les yeux. Ses plaies étaient si envenimées,
« elles répandent une telle infection que vous ne
« pouvez, je vous le répète, sans un vrai danger
« pour vous et pour les autres, les introduire au
« milieu de vous. Vous rendez le commandant res-
« ponsable du retard qui a lieu ; mais ce n'est pas
« raisonnable. Il ne fait que remplir la mission
« qui lui a été donnée ; il a reçu des ordres, il les
« exécute. Est-ce que vous ne connaissez pas la
« consigne militaire ? » La parole fière, hardie,
pleine de bon sens et de logique de cette femme
animée de l'esprit de Dieu produisit son effet. Elle
arracha le commandant Saint-Amand à une mort
certaine, apaisa l'émeute, et rentra triomphante
dans le palais. Il nous semble encore la voir, cette
courageuse servante du Seigneur, monter les es-
caliers d'honneur, tenant par la main ce brave militaire qui lui devait une si grande reconnaissance

et qu'elle avait couvert du prestige de son héroïque charité. Plus tard, le cadavre en putréfaction put être mis dans un cercueil préparé à cet
effet, et n'exposer la santé de personne ; mais pour
cela il fallait un temps suffisant, ce qui n'eût pu
avoir lieu si on eût fait les funérailles à l'heure
fixée par les amis du défunt. D'une cause toute naturelle, toute simple on avait voulu en faire une
affaire politique et peut-être une occasion d'émeute.
Mais Dieu se sert, quand il le juge à propos, des
plus simples moyens pour confondre les plus puissants, les plus forts. *Infirma mundi, elegit Deus ut
confundat fortia.*

Les funérailles solennelles n'eurent pas lieu. Le
commandant put se retirer tranquillement, et tout
fut calmé, grâce à l'énergie et à la présence d'esprit de la sœur Sainte-Marie de la Visitation. Son
courage et sa force d'âme furent admirés par ceux-
là même qu'elle avait combattus. Bientôt la foule
s'écoula, et la cour de l'Hôtel des invalides civils,
reprit sa tranquillité ordinaire.

Il ne serait pas possible d'exprimer avec quel
enthousiasme les blessés et toutes les personnes
qui avaient admiré la sœur au milieu de cette
foule irritée poussée par des meneurs, acclamèrent

la bonne religieuse, qui n'en conserva pas moins sa modestie et sa simplicité dans toute leur candeur.

La haute considération que la sœur Sainte-Marie s'était conciliée par sa conduite généreuse aussi bien que par son zèle et son dévouement au service des malades rejaillissait sur ses estimables compagnes les sœurs Sainte-Béatrix, Sainte-Marianne et Sainte-Aglaé, qui étaient pénétrées des mêmes sentiments que celle qui leur donnait l'exemple. Nous devons ajouter que la conduite de ces dignes sœurs, leur attitude auprès des malades facilitaient singulièrement notre saint ministère par leurs paroles et leurs conseils. Nous trouvions toujours favorablement disposés tous ceux auprès desquels nous nous approchions ou qui s'approchaient de nous.

La connaissance était même devenue si intime entre nos chers blessés et nous que nos visites de chaque jour duraient plusieurs heures, parce que continuellement nous avions tantôt avec les uns, tantôt avec les autres des conversations sérieuses sur différents sujets dont ils n'avaient pas souvent l'occasion de s'occuper.

D'où vient qu'il y a tant de devoirs négligés, méconnus, oubliés ou abandonnés? C'est qu'on

n'est pas à même de se les entendre rappeler ou
d'être encouragé à les remplir. Peu à peu absorbé
par ses affaires, par ses préoccupations, par les
difficultés de la vie, on s'éloigne de Dieu, on n'a
pas le temps de songer à ce qu'on lui doit, on n'a
pas assez de force et d'énergie pour ne pas se laisser
influencer par les conversations mauvaises, souvent
insensées, qu'on entend presque chaque jour, ni
pour résister à l'entraînement des mauvais exemple.
Je n'en veux pour preuve que ce qui a eu lieu aux
Tuileries au commencement du carême de 1848.

XXIV

**Carême de 1848. — Confessionnal établi dans la
salle du conseil des ministres. — Fauteuil de
Louis-Philippe. — Prie-Dieu de Marie - Amélie.**

Lorsque la sainte quarantaine fut ouverte, la
bonne sœur Sainte-Marie de la Visitation, qui par
son esprit, son intelligence et son caractère ferme
et énergique, avait pris un grand ascendant sur
tous ces hommes généreux, leur rappela qu'ils
étaient chrétiens, que par conséquent ils avaient,
à cette époque de l'année, des devoirs à remplir.
Ses paroles ne furent non-seulement ni repoussées
ni tournées en dérision, mais elles furent écoutées
respectueusement et prises en très-grande considération. Ils en causèrent entre eux, s'encouragèrent
les uns les autres, de sorte que quand nous sommes revenu au milieu d'eux, ils furent les premiers
à aborder la question. Ils nous demandèrent diffé-

rentes explications concernant ce sujet délicat, nous
firent quelques objections auxquelles nous répon-
dîmes, traitant les unes et les autres, de sorte que
dès la seconde semaine de carême ils nous demandèrent d'eux-mêmes à se confesser.

Ici nous devons l'avouer, notre cœur a été rempli
d'une bien douce joie quand nous avons été convaincu de la sincérité de leurs dispositions. Mais
où les confesser ? Les confessionnaux de la chapelle
avaient été brisés ; il n'était pas possible d'en rétablir de nouveaux, d'ailleurs le temps pressait.

En dehors des antichambres, la salle de conseil
de Louis-Philippe, cette salle dans laquelle se
réunissaient ses ministres pour discuter des intérêts
de la France et de ses relations non-seulement
avec l'Europe, mais avec le monde entier, était la
seule où l'on n'eût point établi des lits de malades.
Après y avoir réfléchi, nous avons pensé que cette
pièce paraissait la seule convenable pour la destination sacrée de l'acte important que nous cher-
chions à réaliser.

Un confessionnal fut organisé dans l'embrasure
d'une des immenses fenêtres qui donnent sur le
jardin du palais.

Le prie-Dieu sur lequel la reine Marie-Amélie

avait coutume de faire ses prières fut destiné à
d'humbles pénitents qui ne s'attendaient guère à y
venir purifier leur conscience. C'est cependant là
qu'ils venaient s'agenouiller pieusement pour confier au ministre du Seigneur les secrets de leur
âme et de leur cœur.

Le fauteuil sur lequel Louis-Philippe s'asseyait
pour présider ce conseil au milieu duquel la prudence, la justice la sagesse, le bon sens et la vérité
n'auraient jamais dû cesser de se trouver réunis
parce que jamais on ne cessait d'y traiter les plus
graves questions qui intéressaient la nation, avait
été réservé à l'aumônier improvisé des nouveaux
habitants du palais des rois.

Ainsi, pendant que l'ex-roi de la révolution de
1830, qui quelques semaines auparavant réunissait dans cette royale enceinte une douzaine de
ministres chargés, sous sa direction, de gouverner
la France, maintenant vaincu, fugitif, errant sur la
terre étrangère, méditait sur l'instabilité des choses
humaines, les combattants qui l'avaient chassé réflé-
chissaient sur leur conscience et travaillaient à la
réformer, s'efforçaient de retremper leur âme dans
la vertu et de la fortifier dans les croyances religieuses.

Le nombre de ceux qui s'approchèrent ainsi du tribunal de la pénitence dépassa soixante-dix.

Le nombre de ceux qui, au temps de Pâques, firent la communion prescrite, fut bien loin d'être aussi considérable. Mais l'essentiel avait été fait et l'exemple avait été donné.

XXV

Mariages de blessés réhabilités et célébrés religieusement dans la chapelle des rois. — Banquets de cent couverts donné aux nouveaux époux, à leurs familles et à leurs amis.

Un autre fait d'un genre tout différent, mais qui cependant, à cette époque, eut un immense retentissement, mérite également d'être rapporté, car ce fait aussi témoigne en faveur de la religion et de son action sur le cœur des hommes du peuple, dont en même temps il fait l'éloge.

Parmi ceux qui avaient demandé de se réconcilier avec la religion, il s'en rencontra douze qui n'étaient unis que civilement. D'eux-mêmes ils vinrent nous faire part de leur position. Ils la déploraient ; mais, pour la plupart, ils nous disaient que c'était indépendamment de leur volonté que la religion n'avait point béni leur mariage, et

nous exprimèrent le plus vif désir pour eux personnellement, pour leurs femmes et pour leurs
enfants, d'entrer le plus tôt possible dans un état
normal, aux yeux de la religion. Nous nous sommes
empressé d'adresser leur demande à l'autorité
ecclésiastique, afin d'obtenir toutes les dispenses
et toutes les permissions nécessaires pour procéder
au plus vite à la célébration religieuse des mariages. Comme les Tuileries, ainsi que nous l'avons
déjà fait observer, dépendaient alors de la paroisse
de Saint-Germain l'Auxerrois, nous avons avant
tout prévenu M. l'abbé Demerson, qui en était le
curé. C'est avec lui que nous nous sommes con-
certé pour les dispenses et les autorisations, ainsi
que pour la célébration et la bénédiction nuptiales.
Nous devons dire qu'il s'est prêté en véritable
pasteur à nous seconder dans toutes les démarches
à faire pour terminer au plus tôt cette affaire non
moins importante que délicate. Nous devons ajouter que pour accomplir les formalités et pour célébrer dignement ces mariages, le gouvernement
provisoire s'est empressé de nous aider et de lever
toutes difficultés civiles. Lorsque les préliminaires
furent terminés et que l'on dut s'occuper des préparatifs religieux dans la chapelle, les employés

reçurent l'ordre de tout disposer convenablement. Mais, le jour fixé, deux des époux n'avaient point reçu toutes leurs pièces, de sorte qu'il fallut les ajourner. Ils en étaient désolés. Pour les dix autres, comme ils étaient en règle et que leurs parents et les témoins avaient été prévenus, les épouses furent amenées, conduisant les enfants par la main. Des siéges, fauteuils et banquettes qui n'avaient point été pris avaient été apportés des différents appartements. Cependant cet ameublement n'était pas suffisant pour l'assemblée qui devait se réunir à l'occasion de cette grande solennité de famille ; car les dix époux et leurs témoins formaient cinquante-deux personnes ; les enfants, les pères et mères et parents composaient un nombre encore plus considérable.

La célébration du mariage religieux de ces enfants du peuple dans la chapelle des rois eut lieu le lundi 14 avril 1848.

M. le curé de Saint-Germain l'Auxerrois, comme pasteur, célébra lui-même ces dix mariages ; il adressa aux époux une touchante allocution qui fit une grande impression sur l'auditoire très-étonné d'assister à cette fête que plus que toute autre on pouvait appeler une véritable fête de famille, tant

il y avait d'union et de cordialité entre ces époux
naguère étrangers les uns aux autres, maintenant
confondus dans les mêmes sentiments, ainsi que
leurs parents. M. le curé de Saint-Germain nous
invita à dire la messe de ces mariages. Elle fut cé-
lébrée au maître-autel, au milieu d'un recueillement ni moins profond ni moins respectueux que si
chacun d'eux eût été le mariage d'un prince entouré des grands de la cour, dans cette chapelle où
jusque-là on ne donnait la bénédiction nuptiale
qu'aux membres de la famille royale. A la fin de la
messe nous avons cru, nous aussi, devoir adresser
une allocution à ces époux que nous avions nous-
même préparés à cette sainte réhabilitation. Nos
paroles furent écoutées avec la même attention favorable que celles de M. le curé de Saint-Germain
l'Auxerrois. Les bonnes sœurs, en raison de la circonstance exceptionnelle, assistaient à la messe du
mariage, quoique en général les communautés
n'accordent pas cette autorisation.

Après la messe, les époux et leurs familles se
réunirent dans une des salles non occupées. Nous
sommes allé les y visiter et leur faire signer les
actes. Jamais les témoignages de reconnaissance
avec lesquels nous avons été accueilli ne s'efface-

ront de notre mémoire. Ces braves gens et leurs
familles se pressaient autour de nous et nous
remerciaient avec une effusion de cœur qu'on ne
trouve que chez le peuple. Nous avions donc raison
de dire que le sentiment religieux demeure profondément gravé dans le cœur des enfants du peuple.
Si les mauvaises passions, si les doctrines impies
ou incrédules l'altèrent, il se réveille toujours plein
de vivacité dans les circonstances solennelles de la
vie.

Le gouvernement, afin de manifester aux yeux
de tous l'approbation qu'il avait donnée à ce qui
venait de se passer dans la chapelle des Tuileries,
et s'associer à cette fête de famille, ordonna qu'un
dîner de cent couverts fût préparé, dans la salle à
manger des rois, aux nouveaux époux, à leurs
témoins, à leurs enfants et à leurs familles. Les
meilleurs vins de la cave de Louis-Philippe, qu'on y
trouva encore après l'invasion des premiers jours,
leur furent servis dans ce copieux repas. Jamais,
probablement, aucun des convives n'avait participé à un pareil banquet.

La séance à table fut longue. Il y régna la plus
franche cordialité et une gaieté qui faisaient plaisir
à voir. Il y a bien peu de repas de corps, dans les

plus hautes régions, où il se fasse une aussi grande dépense d'esprit qu'il en fut fait ce jour-là.

Rien, pour le repas en lui-même, n'avait été épargné, afin que le souvenir de ce festin de *noces royales* populaires ne s'effaçât jamais de la mémoire des convives.

Les deux autres mariages pour lesquels les pièces n'étaient pas arrivées à temps furent célébrés le mardi 18 avril, mais non avec la même solennité que les premiers, cependant avec une pompe qui honorait les époux. C'est nous qui, comme pour les premiers mariages, avons dit la messe pour les époux.

Enfin un autre pensionnaire de l'Hôtel des invalides civils, d'abord retenu par le respect humain, mais qui enfin se décida, nous pria de lui rendre le même service qu'à ses camarades. Malheureusement il était arrivé trop tard et fut obligé de sortir avant de s'être mis en règle ; mais il prit l'engagement de faire bénir son mariage dans sa paroisse, aussitôt qu'il serait rentré dans sa maison. Nous ne doutons pas qu'il ait tenu parole.

XXVI

Visite de Mgr l'archevêque aux blessés des Invalides civils.

Peu de jours avant la célébration solennelle de ces mariages, qui avait eu lieu dans des circonstances si extraordinaires, nous en avons rendu compte à Mgr Affre, qui s'intéressait vivement à tout ce qui pouvait concerner le bien du peuple. Le bon archevêque fut profondément touché de ce que nous lui avions raconté, et nous exprima de lui-même le désir de venir rendre une visite aux nouveaux habitants du palais des Tuileries transformé en Hôtel des invalides civils. Il fixa le 18 avril 1848 pour cette visite, et nous en indiqua l'heure. Nous en avons prévenu les autorités de l'Hôtel des invalides civils, ainsi que le commandant militaire et la population tout entière des blessés et autres. Afin que la visite se fît avec une régularité administrative et une convenance parfaite, M. Lefèvre, l'administrateur civil, se présenta chez monseigneur pour prendre ses ordres. Sa Grandeur lui dit dans cette visite, qu'elle avait changé le jour et qu'elle avait fixé le mercredi 19 avril 1848, à deux heures.

Au jour fixé, à deux heures de l'après-midi, Mgr l'archevêque se présenta aux Tuileries. Il y était attendu. Les blessés, à la tête desquels se trouvait M. Lefèvre, le directeur de l'Hôtel, se présentèrent au bas du grand escalier pour le recevoir. Il était accompagné de M. l'abbé Delage, ancien sous-directeur au collége Stanislas, alors chanoine honoraire de la métropole et l'un de ses secrétaires.

Rien n'avait été négligé pour donner à cette réception toute la pompe qui lui était due. Plusieurs drapeaux étaient déployés. Tout le personnel s'était réuni à M. Lefèvre ; les médecins eux-mêmes voulurent y donner leur part de concours.

Quand monseigneur se présenta, les tambours battaient aux champs. Nous avons eu l'honneur de recevoir nous-même Sa Grandeur et de lui présenter le personnel de l'administration, et de lui adresser quelques paroles de remercîment pour le bienveillant intérêt dont elle voulait bien donner

la preuve à ces pauvres blessés en venant les visiter. Elle voulut bien nous répondre par quelques
paroles qui partaient du fond du cœur et pleines
d'encouragement pour tout le monde. Ces paroles
bien senties indiquaient que le bon pasteur était
disposé à tous les sacrifices pour le bien du peuple;
on eût dit qu'elles présageaient l'acte héroïque de
dévouement par lequel il sacrifia sa vie pour son
troupeau.

Lorsque la réception eut été faite, l'archevêque
monta dans les galeries et dans les salons dont on
avait fait des salles d'hôpital. Il les parcourut
toutes, accompagné des médecins et de l'administration. Il adressait à chacun des paroles de consolation et d'espérance. Il se faisait donner des
renseignements et des explications sur la nature des blessures et des plaies. Il interrogeait
ces intéressants malades sur la position de leurs
familles, sur leur profession, sur le produit de
leur travail, etc. Il visita ainsi chaque lit. La
visite fut longue; mais elle produisit un prodigieux effet sur tous les témoins de cette scène et
sur tous ceux qui en avaient été l'objet. Dans
chaque salle le prélat donnait la bénédiction. Mais
si, lui, il donna la bénédiction au nom de l'Eglise

à tous ces hommes plus ou moins souffrants, nous pouvons affirmer qu'il n'y avait dans les salles qu'ils peuplaient qu'un concert de bénédictions qui sortaient du fond de leurs cœurs pour remercier le bon pasteur pour la pieuse visite qu'il venait de faire.

Mgr Affre nous a plus d'une fois répété que l'accueil qui lui avait été fait aux Tuileries par les habitants passagers de l'Hôtel des invalides civils lui avait rempli le cœur de joie et de consolation.

Lorsque le prélat eut visité le dernier lit et fait ses adieux à tous, invalides, employés, directeur, médecins, religieuses, il fut reconduit avec la même solennité qu'il avait été reçu à son arrivée.

Avant de quitter le palais, il témoigna le désir de visiter la chapelle, qui, hélas! était loin d'être réparée même imparfaitement. Il y fit sa prière et adressa à l'administration, qui l'avait accompagné jusque-là, des paroles d'encouragement et de félicitations. Il daigna ne pas nous oublier dans cette allocution paternelle et nous dire des choses non moins affectueuses qu'obligeantes.

Le cortége qui l'avait conduit à la chapelle l'attendait à la porte et le reconduisit jusqu'à la grille du quai. Quand il le salua pour la dernière fois, ce

10.

cortége pénétré de si vifs sentiments d'enthousiasme qu'il pouvait à peine contenir — cependant il n'était composé ni des officiers brillants ni des soldats valeureux d'un splendide état-major, mais de pauvres enfants du peuple, blessés dans une lutte fratricide, — un cri unanime de Vive monseigneur l'archevêque! sortit de toutes ces poitrines et fut mille fois répété. Nous pouvons dire que l'émotion était dans tous les cœurs et que jamais aucun souverain, à l'entrée ou à la sortie de ce palais, n'a été acclamé avec des accents mieux sentis et plus réellement vrais. Il n'y avait dans ces témoignages de respect et de reconnaissance ni intérêt ni flatterie.

Le dernier acte du généreux visiteur, avant de s'éloigner définitivement, fut une marque de munificence comme il convenait à un archevêque de Paris de le faire.

Après cette visite, qui avait laissé de si profondes traces dans sa mémoire, chaque fois que nous avons eu l'honneur de le voir, Mgr Affre nous rappelait toujours avec bonheur la satisfaction qu'il avait éprouvée dans cette occasion. N'y a-t-il pas pour nous un enseignement plein de consolation dans l'accueil fait à un archevêque de Paris, dans une circonstance semblable, et après la terrible

commotion qui venait d'agiter la France entière et
dont la conflagration, d'abord allumée à Paris,
bientôt répandue partout, était loin de s'éteindre ?
Il serait impossible de ne pas y voir une véritable
profession de foi religieuse.

La visite de l'archevêque produisit le meilleur
effet sur l'administration aussi bien que sur ceux
qui avaient été principalement l'objet de la démarche. Longtemps après, souvent, on la rappelait,
et toujours avec une nouvelle expression de reconnaissance et de vénération. N'y avait-il pas dans ces
conversations une véritable profession de foi ? Plus
l'autorité ecclésiastique se rapproche du peuple,
surtout quand il souffre, et plus l'efficacité de son action produit de profonds et durables effets. Presque
chaque jour, quand nous faisions nos visites, on
nous parlait de Mgr l'archevêque, de sa bonté, de
sa bienveillance, de sa charité.

XXVII

Émeutes du 15 mai.—Envahissement de la chambre des représentants du peuple.

Depuis la visite archiépiscopale à l'Hôtel des invalides civils jusqu'au mois de juin, il ne s'y passa rien d'extraordinaire ; seulement, de temps en temps, des blessés guéris sortaient ; d'autres, jusqu'alors soignés dans les hôpitaux ordinaires, y étaient transférés. Tous les services se faisaient avec exactitude et régularité. Les bonnes sœurs, toujours sous la direction de la remarquable sœur Sainte-Marie de la Visitation, montraient un dévouement au-dessus de tout éloge. Le temps ainsi s'écoulait avec un calme parfait. Il n'en était pas de même dans la ville ; il y avait partout des clubs dans lesquels on faisait les plus étranges motions qui entretenaient une agitation permanente. Le gouvernement inondait la France de proclamations ou de circulaires à la rédaction desquelles n'avait pas toujours présidé le ministre qui les signait et qui étaient loin de calmer les esprits. L'impôt des quarante-cinq centimes occasionnait partout des murmures, on disait même qu'il y avait des conspirations permanentes. En effet, le 15 mai, plusieurs émeutes éclatèrent. Toute la capitale fut dans une inquiétude impossible à dire, la chambre fut envahie, son président Buchez arraché de son fauteuil, la chambre déclarée dissoute par un citoyen du nom d'Hubert. Cependant, ce jour-là, le gouvernement demeura le maître et l'ordre se rétablit. La chambre, déclarée dissoute le matin par la citoyen Hubert, put reprendre sa séance le soir. Aussi, comme il n'y avait pas eu de combat, l'Hôtel des invalides civils ne reçut personne. Nous ne citons ce qui s'est passé le 15 mai que comme fait historique dont le soulèvement du 25 juin ne fut que la conséquence et la suite.

XXVIII

Insurrection de juin. — Envoi d'un grand nombre de blessés à l'Hôtel des invalides civils.

Il n'en fut pas de même au mois de juin. Depuis longtemps déjà on s'attendait à un mouvement considérable pour la fin de ce mois. Il y avait dans la cité je ne sais quel malaise, une appréhension qui tenait tout en souffrance. Le gouvernement avait les yeux ouverts, et, de concert avec le général Eugène Cavaignac, auquel le pouvoir exécutif avait été confié à la suite de la tentative du 15 mai, prit des mesures pour empêcher une collision sanglante.

Averti à propos de ce qui se passait dans l'ombre, le général Eugène Cavaignac avait préparé ses troupes avec intelligence. Quoiqu'on ne le crût pas à la hauteur de sa position et qu'on ne lui donnât pas la portée nécessaire au chef du pouvoir exécutif dans les circonstances graves où il se

trouvait, il parvint à dominer la situation. Tout le
monde connaît la violence avec laquelle les troupes
du général furent attaquées par les soldats de
l'émeute, et comment elles se défendirent avec une
héroïque énergie. La lutte fut d'autant plus courte
qu'elle fut plus acharnée. Les derniers soldats de la
rébellion s'étant renfermés dans le Panthéon, le
général en fit enfoncer les portes à coups de canon,
et demeura ainsi le maître de la situation. Ce fut
le 24 juin, dans l'après-midi, que le général Cavaignac remporta la grande victoire qui affermit le
pouvoir entre ses mains.

Mais cette victoire, quelque soin que prît le chef
du pouvoir exécutif d'éviter l'effusion du sang
français, n'en coûta pas moins encore de trop
nombreuses victimes de frères frappés par des
frères. Comme aux journées de février, les blessés
furent transportés dans les hôpitaux et de là aux
Invalides civils.

Cette fois-ci, le nombre des blessés dépassait
le premier convoi conduit à cet hôtel de souffrances; de sorte que les lits laissés vacants par les
sorties furent bientôt remplis. De nouveaux lits,
même pris dans les différents hôpitaux, furent
ajoutés aux envois précédents.

Cette augmentation de lits peut être considérée comme providentielle, car malheureusement, dès le soir même, ils furent occupés par des victimes d'un malentendu.

Les bruits sinistres répandus à Paris, dans un but coupable, retentirent bientôt jusqu'aux extrémités de la France, propagés avec exagération par une infinité de petits journaux trop multipliés pour demeurer dans les lignes de la justice et de la vérité. Les provinces se sont émues de ces clameurs et de ces colportages de nouvelles qui laissaient entrevoir de grands malheurs inévitables.

Dans le but de conjurer les dangers, de prêter main-forte au gouvernement, d'appuyer les mesures qu'il avait prises et de protéger la chambre des représentants du peuple, des députations furent envoyées à Paris de tous les départements. Les premières arrivèrent dans la soirée du 24 juin.

A mesure que les différentes députations arrivaient, on les dirigeait sur les Tuileries. Là on les chargea de garder les prisonniers, au nombre de plusieurs centaines, faits pendant les jours précédents ou le matin même de ce jour. Ces prisonniers avaient été enfermés dans les souterrains de la terrasse du bord de l'eau ; les ordres les plus sé-

vères avaient été donnés à ces braves provinciaux
pour la surveillance des prisonniers confiés à leur
garde. On leur avait surtout recommandé de ne
laisser approcher personne de ces sortes de case-
mates.

Ceux qui arrivèrent plus tard furent mieux
partagés que les premiers ; on les fit entrer dans le
palais même ou bivouaquer dans la cour des Tuileries, afin de les défendre, s'il en était besoin, et
d'en protéger les abords.

XXIX

**Événements de la nuit du 26 juin. — Évasion
des prisonniers du souterrain de la terrasse du
bord de l'eau. — Combat meurtrier des gardes
nationaux entre eux.**

Vers une heure du matin, des ordres furent
adressés aux Tuileries et donnés aux gardes nationaux des provinces pour qu'ils aient à ouvrir
les souterrains aux prisonniers et à les conduire
dans les forts.

Peu habitués à un semblable service, les gardes
nationaux non-seulement ne lièrent pas leurs prisonniers, mais sur leur parole, sans prendre aucune
de ces précautions que le plus simple bon sens indique quand il s'agit, nous ne dirons pas d'ennemis, mais d'adversaires, ils ouvrirent les portes

des souterrains avec une candeur qui les honore,
mais qui ne fait pas l'éloge de leur connaissance
du cœur humain. Ils ont malheureusement payé
bien cher cet excès de confiance.

Lorsqu'ils furent sur la place du Carrousel, les
prisonniers ayant examiné et compté leurs gardiens, à un temps donné, comme ils avaient tous
leurs mouvements libres, ils se jetèrent sur eux,
les désarmèrent et se servirent de leurs fusils pour
tirer sur eux.

Au bruit de ces coups de fusil, les gardes nationaux installés dans le palais même, s'imaginant
que c'était une attaque contre le château, tirèrent
du côté où l'on entendait le bruit des armes à feu,
croyant ne tirer que sur des ennemis. Malheureusement, c'étaient leurs amis qu'ils foudroyaient.
Ceux de l'intérieur de la cour se joignirent à ceux
qui tiraient des fenêtres, augmentant ainsi le mas-
sacre de leurs frères. Pendant ce temps-là, les prisonniers, aidés de quelques amis qui rôdaient autour du palais, purent se sauver. Cependant l'erreur fut reconnue, quoique bien tard.

Dire la terreur qui s'était emparée des gardes
nationaux, pour la plupart pères de famille, demeurés dans le palais, ne serait pas possible. Ils

s'imaginaient que le palais allait être pris d'assaut,
qu'on y mettrait le feu, qu'ils payeraient de leur
tête leur présence dans ce lieu maudit, ou du moins
qu'ils seraient enchaînés et jetés dans de noires
prisons. Ils s'ingéniaient à trouver des issues par
où ils pourraient se sauver, ou quelques recoins
dans lesquels ils pourraient se cacher. Il y en eut
plusieurs, disait-on, qui montèrent dans les che-
minées.

La sœur Sainte-Marie seule conserva son calme
et son sang-froid. Seule elle domina la situation,
parvint à rétablir l'ordre et à rendre la confiance.

Mais tout n'était pas fini. Ce n'était même là que
la première partie du terrible drame de cette épou-
vantable nuit, car le nombre des blessés était
considérable et les blessures dangereuses. Sur la
place du Carrousel et dans la cour des Tuileries
l'on n'entendait que des cris déchirants de blessés
presque tous gravement, parce que, se tirant
presque à bout portant les uns sur les autres, les
balles avaient fait d'effrayants ravages.

Aussitôt que l'erreur eut été reconnue et qu'il
fut constaté qu'il n'y avait aucun ennemi dans le
voisinage des Tuileries, on s'occupa de relever les
blessés et de les transporter à l'Hôtel des invalides

civils. Ce sont ceux-là même qui avaient fait les
blessures qui furent les premiers à tâcher de réparer les malheurs qu'ils avaient causés. D'ailleurs
on avait donné l'ordre de ne laisser approcher aucun
étranger. Tous ceux qui se trouvaient dans l'intérieur se mirent à l'œuvre. Quel affreux spectacle !
Les infortunés blessés furent apportés dans les premières grandes salles du palais. Mais comme il
n'avait pas été possible de prévoir cette sanglante
et fraternelle tuerie, quoiqu'on eût fait venir un
grand nombre de lits supplémentaires pour les besoins du service qu'on augmentait, il en manquait
encore beaucoup. Pour y suppléer, on envoya
chercher, autant qu'on put en trouver dans les
chambres à coucher du palais, des matelas qu'on
étendit par terre. Malgré cela, le nombre en était
encore bien insuffisant. Alors, pour y suppléer, on
réunit tout ce qu'on put trouver de tapis, d'oreil-
lers, de coussins, de divans, etc.

Le matin, on nous appela vers six heures. La
consigne avait été levée pour nous.

Au moment où nous sommes entré dans ces
pièces occupées par ce grand nombre de victimes
d'une fatale erreur, le plus navrant spectacle se
présenta à nos yeux. Les blessures n'avaient encore

été qu'imparfaitement pansées ; le sang ruisselait
sur le parquet. On n'y marchait qu'avec une sorte
d'effroi ! ! ! En sortant de ces salles inondées du
sang le plus pur des plus honnêtes citoyens, on
laissait pendant huit ou dix pas des traces ensan-
glantées. Et tous ceux qui perdaient ainsi leur sang
étaient des pères de famille, de riches proprié-
taires, de nobles seigneurs, des avocats, des no-
taires, des médecins, des artistes, etc., qui avaient
tout abandonné, tout quitté pour venir donner leur
adhésion à la conduite de la chambre des représentants du peuple ou assemblée nationale, à celle
du pouvoir exécutif, qui avait montré autant d'é-
nergie que de spontanéité, et les appuyer de leur
présence, même, s'il en était besoin, de leurs bras.
Mais ils étaient loin de s'attendre à se trouver exposés à une si désolante catastrophe.

On prévoyait si peu les événements de cette
lamentable nuit, que M. le docteur Richet se
trouva le seul chirurgien auquel on ait pu recourir
pour donner les premiers soins à un si grand
nombre de blessés. Quoiqu'il n'eût aucun aide pour
le seconder, ce courageux docteur montra tant
d'activité qu'il put suffire à tout. Nous saisissons
avec empressement l'occasion pour lui rendre un

témoignage solennel et le remercier, au nom de la religion, de son dévouement. Plus tard, deux médecins lui furent adjoints. Mais si, dans le principe, il put suppléer au nombre, c'est qu'il fut admirablement secondé par les religieuses et par les infirmiers.

XXX

Le général Thomas et son aide de camp. — Les sœurs auprès des nouveaux venus. — Réflexion sur les émeutes de mai et sur l'insurrection de juin.

Un personnage officiel auquel nous devons aussi exprimer un témoignage public de reconnaissance, pour les marques d'intérêt qu'il donna aux blessés, c'est le général Thomas, qui, blessé lui-même, accompagné de son seul aide de camp, vint au milieu de la nuit adresser des paroles de condoléances et de consolation à ses compagnons d'infortune. Sa visite a été pour eux tous un puissant motif d'encouragement à la résignation. Un chef militaire qui, dans de semblables circonstances, s'intéresse à ses subordonnés, se fait toujours un véritable honneur.

Les bonnes sœurs continuèrent de remplir leur sainte mission de charité auprès des nouveaux venus, avec le même esprit de dévouement et de charité. Nous aussi nous venions chaque jour visiter nos chers malades avec la même assiduité, toujours précédé des religieuses qui nous préparaient les voies, disposant les uns et les autres, selon la gravité de la position : aussi, dans cette seconde série qu'on appelait *les blessés de juin*, il n'en est mort aucun sans qu'il ait reçu les sacrements de l'Église et se soit réconcilié avec Dieu. Nous avions déjà eu cette consolation dans nos rapports avec ceux de la première série.

Si l'insurrection de juin n'eût éclaté que quelques jours après la révolution de février, elle eût eu de grandes chances d'un trop déplorable succès. Et si elle eût réussi, son premier soin eût été de rétablir un *comité de salut public*. Or, personne ne saurait le contester, si ce comité, qui rappelle de si terribles souvenirs, eût été constitué, nous aurions, sans en douter, vu se renouveler et peut-être même dépasser les épouvantables excès des plus mauvais jours de la révolution de 1793.

L'insurrection du 15 mai 1848 détermina la dissolution de la commission exécutive, et la dictature fut confiée à un chef militaire, au général Eugène Cavaignac.

Le 15 mai et le 23 juin démontraient combien peu les utopistes de la république entendaient les préceptes de morale et de liberté sociale, combien peu, par conséquent, les leçons qu'ils donnaient aux classes laborieuses de la société, en général malheureuses et dans la gêne, renfermaient de ces principes utiles à la régénération et à la moralisation des classes inférieures.

Ces deux insurrections, qui eussent pu devenir des révolutions, montraient aussi combien il y avait de traîtres à la patrie dans la chambre et au pouvoir, combien il était imprudent de s'endormir après la victoire.

La révolution qui avait renversé le trône de Louis-Philippe et proclamé la république datait déjà de près de six mois. Les différents pouvoirs se consolidaient ; la tranquillité se rétablissait ; les affaires commençaient à reprendre ; on s'occupait de préparer les élections pour une nouvelle assemblée nationale ; la religion était honorée, le clergé respecté ; malgré cela, on sentait toujours le sol trembler sous ses pieds, parce que, quand un si grand soulèvement a remué un pays jusque dans

ses plus profondes assises, le temps seul peut les
rasseoir.

Mais les choses accessoires suivent leur cours
naturel. Ainsi, à l'Hôtel des invalides civils, les
blessés et les malades s'en allaient les uns après les
autres, et l'on avait calculé l'époque où l'on pourrait rendre le palais des rois à sa destination naturelle, c'est-à-dire au siége du gouvernement.
Quoique le nombre des malades eût singulièrement
diminué, nous ne cessions de les visiter. Les médecins n'en continuaient pas moins leur service, ni
les sœurs leurs soins. Notre tâche à tous allait
finir ; nous étions convaincus que tous nous l'a-
vions remplie de notre mieux. Nous en particulier,
nous croyons que notre ministère sacré n'a pas été
sans fruit. Plusieurs années après la révolution
de février, en 1856, le nouvel archevêque de Paris,
Mgr Sibour, nous envoya de la part de l'Eglise, et
en son nom, au faubourg Saint-Antoine pour y
fonder une paroisse nouvelle (1) au milieu de ce
centre de travailleurs infatigables et d'une inces-
sante activité, nous y avons retrouvé quelques-uns
de nos amis des Invalides civils, qui se sont empressés de venir nous rappeler les bonnes relations

(1) La paroisse Saint-Éloi dont nous avons fait bâtir l'Église.

que nous avions eues avec eux aux Tuileries. Tous
nous ont conservé un souvenir qui nous touche
toujours profondément chaque fois que nous les
revoyons.

Que tous ceux que nous avons vus sur un lit de
douleur, dans le palais des rois, où l'on ne souffre
pas moins, sous des lambris dorés, que dans une
pauvre demeure, quand le mal vous a frappé, re-
çoivent ici un nouveau témoignage de notre affec-
tueux intérêt. Nous pensons de temps en temps à
eux et à leurs familles devant Dieu, qui ne connaît
que des enfants dans toutes les conditions sociales.
A ses yeux, le mérite seul fait la différence entre
les hommes. Qu'ils se rappellent nos bonnes conversations sur ce qui les intéressait, et l'effusion
d'âme avec laquelle ils nous parlaient. Pour nous,
nous ne cesserons de prier pour eux et pour leurs
familles, afin que l'esprit religieux s'y conserve et
que les bénédictions célestes ne cessent de se ré-
pandre sur eux.

XXXI

Départ des blessés. — L'Hôtel des invalides civils redevient le palais des Tuileries. — Fin du récit. — Conclusion de l'auteur. — Pièces justificatives.

Le 15 août 1848 fut fixé pour le départ des derniers blessés. Ceux qui n'étaient pas complétement guéris furent envoyés dans les différents hôpitaux pour achever leur entier rétablissement. Ce jour-là, comme c'était le dernier jour de l'Hôtel des invalides civils, malgré la solennité de la fête, nous sommes allé leur faire nos adieux et leur donner une dernière bénédiction.

Quand nous sommes arrivé, nous avons été étonné de voir une si grande manifestation de gaieté et de joie de la part de gens qui allaient se quitter et se séparer pour toujours. Nous avons été vite mis au fait : c'était la fête de la sœur Sainte-

Marie. Ils voulurent lui donner un dernier témoignage de filial respect en la lui souhaitant.

Mais afin de laisser un souvenir plus durable de gratitude, ils firent une manifestation bien autrement considérable. Les gardes nationaux donnèrent l'exemple. Ils ouvrirent une souscription entre eux dans le but d'offrir une croix commémorative à la sœur Sainte-Marie de la Visitation.

La souscription, dans une seule journée, produisit une somme assez considérable pour acheter une croix digne du personnage auquel on voulait l'offrir. Elle fut immédiatement achetée.

Cette croix, vraiment magnifique et qui n'eût point été déplacée sur la poitrine de l'abbesse d'un riche monastère du moyen âge, fut solennellement présentée à la bonne sœur Sainte-Marie de la Visitation par tous ses chers blessés. Mgr l'archevêque voulut bien la bénir et l'indulgencier. La communauté, avec un sentiment qui l'honore, autorisa la bonne sœur à l'envoyer à sa famille comme un monument de sa charité et de son dévouement au service des blessés, dans cette circonstance exceptionnelle.

Indépendamment de cette croix donnée à la sœur Sainte-Marie de la Visitation, avec son nom de famille et son nom de religieuse et ses prénoms, une

autre souscription, une souscription générale, com-
pléta la première, et les blessés de toutes les caté-
gories de réunirent pour offrir à toutes les religieuses
qui, pendant leur séjour à l'Hôtel des invalides civils,
leur avaient donné des soins, une médaille frappée
en leur honneur, également avec leurs noms et prénoms. Outre sa croix, la sœur Marie de la Visitation reçut également la médaille de ses compagnes.

Cette attention et ces témoignages de reconnaissance de la part de ces dignes enfants du peuple
prouvent une fois de plus tout ce qu'il y a de bon,
de généreux et de délicat dans le fond de leurs
âmes.

Après avoir songé aux religieuses avec lesquelles ils étaient continuellement en contact, qui
s'occupaient d'eux le jour et la nuit, ce qui fait facilement comprendre pourquoi ils pensèrent à elles
avant tout, vint le tour des médecins. Ils demandèrent, pour ceux qui ne l'avaient pas, la croix de la
Légion d'honneur ou une récompense que le gouvernement jugerait à propos d'accorder.

Ils n'oublièrent pas non plus leur aumônier. Mais
l'idée qu'ils eurent pour lui manifester leur reconnaissance fut des plus extraordinaires, nous pourrions même dire des plus bizarres.

Nous avons appris qu'à l'époque des élections pour l'assemblée législative, sans nous en avoir parlé, sans que nous y eussions pensé le moins du monde, car jamais une semblable idée ne se serait présentée à notre esprit, ils avaient donné leurs voix et celles de leurs parents et amis audit aumônier, pour la députation. Le nombre de ces voix s'éleva à plusieurs milliers, nous assura un des assesseurs du bureau d'une des sections des environs des Tuileries, celle du Palais-Royal. Sans doute ils savaient qu'ils ne réussiraient pas ; mais ils croyaient ainsi manifester leurs sentiments, parce qu'ils s'étaient imaginé que c'était le seul moyen qu'ils eussent de les exprimer. Nous ne pouvons nous livrer ici à l'appréciation de cette manifestation spontanée d'un genre tout nouveau qui nous a singulièrement étonné. Nous nous contentons de la signaler. La conduite généreuse, noble et réfléchie de ces hommes du peuple qui, quelques jours auparavant, étaient dans la plus vive agitation, et qui, rendus au calme, se montrent ainsi reconnaissants, est d'autant plus digne d'attention que très-souvent les services les plus signalés sont méconnus, oubliés de la part des grands du monde, des riches et même des gouvernements.

Notre tâche est accomplie. Elle était difficile; mais, ainsi que nous l'avons dit en commençant, quoique nous reconnaissions combien nos forces sont humbles, nous avons cédé aux instances qui nous étaient faites depuis longtemps pour faire connaître des faits concernant l'occupation des Tuileries en 1848 et le séjour des blessés à l'Hôtel des invalides civils, dont nous seul avions la clef. Nous souhaitons que notre modeste écrit ne soit pas jugé trop sévèrement et que l'on comprenne bien que nous n'avons écrit cette page détachée du drame de 1848 que comme une note qui puisse servir aux hommes consciencieux qui écriront l'histoire de cette époque agitée, mais qui peut être l'ouverture d'une grande ère nouvelle de félicité pour nos sociétés modernes, si les sophistes ou idéologues, comme les appelait Napoléon Ier, ne parviennent pas à faire prévaloir leurs déplorables doctrines, dont le moindre mal serait de préparer le retour des extravagances du paganisme pour les générations futures. Mais non, Dieu ne saurait le permettre, et le christianisme étendra son empire sur l'esprit et le cœur de nos neveux.

HOTEL DES INVALIDES CIVILS

NOTES ET PIÈCES A L'APPUI

HOTEL DES INVALIDES CIVILS

APPENDICE

NOTES ET PIÈCES A L'APPUI

Note A.

Lorsque M. l'abbé Denys eut été appelé aux Tuileries pour y faire le service religieux à l'Hôtel des invalides civils, on lui remit le laisser-passer suivant, signé des deux autorités militaire et civile :

COPIE DU LAISSER-PASSER.

« Laissez passer, pour le service de l'Hôtel des « invalides civils, le citoyen abbé Denys, aumônier.

« Paris, 10 mars 1848.

Signé « IMBERT.
(C'était le commandant militaire.)

« A. LEFEBVRE. »
(C'était le directeur de l'Hôtel des invalides civils.)

Le laisser-passer était constaté par deux cachets, l'un rond et l'autre parallélogramme. Sur le premier se trouvait l'inscription suivante, au milieu : *Hôtel des invalides civils.* — En exergue : *République française. Liberté, Egalité, Fraternité.* — Sur le second : *Hôtel des invalides civils.* — Au-dessous : *Blessés.*

Note B.

Note concernant une inscription attachée sur les lambeaux du trône.

Le trône avait été déchiré non-seulement dans toute son étendue, mais ses magnifiques draperies n'étaient plus que d'informes lambeaux, son splendide baldaquin une réunion de planches disjointes, et son siége un échafaud sans solidité; au milieu des lambeaux qui pendaient çà et là on avait fixé une ignoble caricature. Elle représentait *l'âne de la Fontaine conduit alternativement par le père et son fils; on avait représenté le père sous les traits de Louis-Philippe, chef de l'ancien gouvernement; le fils était symbolisé dans la personne du ministre Guizot, comme toujours à l'attitude fière et hautaine ; il était armé d'un bâton et conduisait le baudet, tandis que, la bride en main, Louis-Philippe s'efforçait de diriger la monture.* Les traits et la tournure de l'un et de l'autre étaient d'une ressemblance frappante. Au-dessous de cette caricature injurieuse on avait placé une inscription portant ces mots : *Le plus âne des trois n'est pas celui qu'on pense.*

Note C.

Lettre de M. Lefebvre à l'occasion de deux nouveaux mariages qui n'avaient pu étre faits avec les premiers.

COPIE DE LADITE LETTRE.

RÉPUBLIQUE FRANÇAISE   Hôtel des invalides civils (Tuileries)

SERVICE MÉDICAL

« Paris, 16 avril 1848, 11 heures du soir.

« Monsieur l'abbé,

« Je m'empresse de vous donner avis qu'après-demain mardi, à neuf heures, M. le curé de Saint-Germain l'Auxerrois viendra marier les deux blessés que vous avez vus le soir.

« Je sors de voir monseigneur, qui m'a accueilli avec une bienveillance à laquelle j'ai été bien sensible. Il doit venir, mercredi à une heure, visiter nos pauvres blessés. Non sans dire que nous comptons sur vous pour recevoir ce digne prélat.

« Agréez, avec mon bonsoir, l'assurance de mes sentiments les plus distingués.

Signé « LEFEBVRE. »

Note **D**.

Autorisation donnée par le docteur Richet pour le service spécial des blessés de juin.

RÉPUBLIQUE FRANÇAISE   Hôtel des invalides civils (Tuileries).

SERVICE MÉDICAL.   « Le 28 juin 1848.

« M. l'abbé Denis, aumônier de la Charité, est autorisé à venir donner aux blessés de l'ambulance les secours de la religion.

« Le chirurgien de l'ambulance,

« A. RICHET. »

12

Note E.

Noms des époux des cinq premiers mariages faits
aux Tuileries en 1848.

1° COMMÉDON (Jean-Édouard), 34 ans, doreur sur mé-
taux,

et

ALEXANDRE (Geneviève-Désirée), brunisseuse ; mariés civilement le 23 décembre 1842. Quatre enfants.

2° CABROL (Etienne-Arnaud), 31 ans, fondeur en cuivre,

et

DUMONT (Emilie-Edmée), ouvrière ; mariés civilement le 11 septembre 1845.

3° BODIOT (Jean-François), maçon,

et

SCHENER (Jeanne-Françoise), marchande ; mariés
civilement le 7 janvier 1841. Trois enfants.

4° Schmit (Jean-Pierre), 31 ans, blanchisseur,

et

Denise-Eulalie, sans parents; non mariés civilement. Mariés civilement le même jour, sans pu-
blication de bans, avec dispense de l'état civil
et dispense ecclésiastique.

5° Gouy (Etienne-Henri), 28 ans, fondeur en bronze,

et

Sailly (Thérèse-Mélanie), 23 ans, ouvrière; mariés
civilement le 11 juin 1842.

Les autres noms ne se sont pas retrouvés dans les
archives, où ils devaient être régularisés plus tard, ce
qui n'avait pu avoir lieu dans ces premiers moments
de trouble.

TABLE DES MATIÈRES

———

CHAPITRE Ier

Situation de l'esprit public en 1848. — Demandes incessantes
de réformes........   1

CHAPITRE II

Pourquoi la France, quand elle demande des réformes d'a-
bus, ne s'adresse-t-elle à son gouvernement que le fer en
main.........   5

12.

CHAPITRE III

Banquet de la réforme du 21 février 1848................   11

CHAPITRE IV

L'émeute devient une révolution. — Journées des 21, 22 et
23 février......   13

CHAPITRE V

Chute. — Fuite de Louis-Philippe..............   25

CHAPITRE VI

Obligations et devoirs d'un souverain..   34

CHAPITRE VII

M⁻ᵉ la duchesse d'Orléans à la chambre des députés......   42

CHAPITRE VIII

Les blessés de la révolution à l'hospice de la Charité......   8

CHAPITRE IX

Envahissement des Tuileries...........   54

CHAPITRE X

Proclamation de la république. — Gouvernement provisoire.   63

CHAPITRE XI

Séjour et sortie d'une partie des envahisseurs............   73

CHAPITRE XII

Blessés demeurés au milieu des envahisseurs. — Proposition
faite par Leroy d'Étiolles de changer la destination des
Tuileries et d'en faire un Hôtel des invalides civils. —
Translation des blessés à l'Hôtel des invalides civils. ...   78

CHAPITRE XIII

Passage des élèves de Saint-Cyr à l'Hôtel des invalides civils,
au milieu de la nuit............... 83

CHAPITRE XIV

Introduction d'un prêtre à l'Hôtel des invalides civils.   85

CHAPITRE XV

Comparaison des nouveaux habitants du palais des Tuileries
avec les anciens..................   88

CHAPITRE XVI

Négociation pour la messe aux Tuileries. — Salle du Trône
choisie pour chapelle provisoire. — Le christ solennellement transporté à Saint-Roch au moment de l'envahissement des Tuileries et rapporté au palais.... 90

CHAPITRE XVII

Avant la messe, prières pour le gouvernement provisoire. —
Allocution prononcée pendant la messe. — Conséquences
immédiates de cette allocution. 96

CHAPITRE XVIII

Lettre d'un blessé de l'Hôtel des invalides civils à la suite de
la messe de la salle du Trône........... 125

CHAPITRE XIX

Seconde messe dite dans la salle du Trône pour le repos de
l'âme des victimes de la révolution.— Allocution prononcée
pendant cette messe. 130

CHAPITRE XX

Considérations philosophiques sur les révolutions. — Motifs
qui nous ont fait rappeler ces grands principes.... 136

CHAPITRE XXI

Messe dans la chapelle du palais, dépouillée de tous ses
riches ornements. 141

CHAPITRE XXII

Mort extraordinaire d'un allumeur de réverbères. — Bruits
répandus à cette occasion. — Son exposition sur le
trône. — Son convoi princier. 146

CHAPITRE XXIII

Mort d'un second blessé. — Péripéties de son convoi. —
Courage d'une religieuse garde-malade. 153

CHAPITRE XXIV

Carême de 1848. — Confessionnal établi dans la salle du conseil des ministres. — Fauteuil de Louis-Philippe. — Prie-
Dieu de Marie-Amélie. 160

CHAPITRE XXV

Mariages des blessés réhabilités et célébrés religieusement
dans la chapelle des rois. — Banquet de cent couverts
donné aux nouveaux époux, à leurs familles et à leurs
amis. 164

CHAPITRE XXVI

Visite de Mgr l'archevêque aux blessés des Invalides civils... 170

CHAPITRE XXVII

Émeutes du 15 mai. — Envahissement de la chambre des
représentants du peuple........ 176

CHAPITRE XXVIII

Insurrection de juin. — Envoi d'un grand nombre de blessés à l'Hôtel des invalides civils.............. 178

CHAPITRE XXIX

Événements de la nuit du 26 juin. — Évasion des prisonniers du souterrain de la terrasse du bord de l'eau. —
Combat meurtrier des gardes nationaux entre eux....... 182

CHAPITRE XXX

Le général Thomas et son aide de camp. — Les sœurs auprès des nouveaux venus. — Réflexion sur les émeutes de
mai et sur l'insurrection de juin... 188

CHAPITRE XXXI

Départ des blessés. — L'Hôtel des invalides civils redevient
le palais des Tuileries. — Fin du récit. — Conclusion de
l'auteur. — Pièces justificatives................ 193

FIN

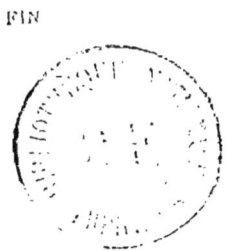

PARIS. — E. DE SOY', IMPRIMEUR, PLACE DU PANTHÉON. 2.

www.ingramcontent.com/pod-product-compliance
Lightning Source LLC
Chambersburg PA
CBHW061445030726

47503CB00005B/1579